O QUE É O ECOSSOCIALISMO?

EDITORA AFILIADA

Questões da Nossa Época
Volume 54

Dados Internacionais de Catalogação na Publicação (CIP)
(Câmara Brasileira do Livro, SP, Brasil)

Löwy, Michael, 1938- .
 O que é o ecossocialismo? / Michael Löwy. — 2. ed. — São Paulo : Cortez, 2014. -- (Coleção questões da nossa época ; v. 54)

 Bibliografia.
 ISBN 978-85-249-2209-1

 1. Ecologia - Aspectos políticos 2. Ecologia humana 3. Mendes, Chico, 1944-1988 4. Política ambiental 5. Proteção ambiental 6. Socialismo - Aspectos ambientais I. Título. II. Série.

14-05630   CDD-304.2

Índices para catálogo sistemático:
1. Ecossocialismo : Sociologia   304.2

Michael Löwy

O QUE É O ECOSSOCIALISMO?

2ª edição
5ª reimpressão

O QUE É O ECOSSOCIALISMO?
Michael Löwy

Capa: aeroestúdio
Preparação de originais: Solange Martins
Revisão: Maria de Lourdes de Almeida
Composição: Linea Editora Ltda.
Coordenação editorial: Danilo A. Q. Morales

Nenhuma parte desta obra pode ser reproduzida ou duplicada sem autorização expressa do autor e do editor.

Direitos para esta edição
CORTEZ EDITORA
Rua Monte Alegre, 1074 – Perdizes
05014-001 – São Paulo – SP
Tel. (11) 3864 0111   Fax: (11) 3864 4290
E-mail: cortez@cortezeditora.com.br
www.cortezeditora.com.br

Impresso no Brasil — março de 2022

Sumário

Introdução — Antes do dilúvio 7

1. A herança de Chico Mendes 11
2. Progresso destrutivo: Marx, Engels e a ecologia 21
3. O que é o ecossocialismo? 39
4. Por uma ética ecossocialista 61
5. Ecossocialismo e planejamento democrático 71

Bibliografia 99

Anexos
Manifesto Ecossocialista Internacional 103
Rede Brasil de Ecossocialistas 110
Declaração Ecossocialista de Belém 114

Introdução

Antes do dilúvio

Este livro é uma reedição ampliada de uma obra publicada pela Cortez Editora com o título *Ecologia e Socialismo* (2004). Ele inclui um novo artigo intitulado "Ecossocialismo e planejamento democrático", publicado primeiro em inglês, na revista *Socialist Register* (2011), e depois em português, na revista *Crítica Marxista* (2012). Outra novidade é o "Manifesto de Belém", uma declaração ecossocialista internacional sobre a questão da mudança climática, redigida por Joel Kovel, Ian Angus e o autor deste livro. Assinada por centenas de pessoas de várias dezenas de países, foi distribuída em inglês e português por ocasião do Fórum Social Mundial de Belém do Pará (graças à ajuda de Pedro Ivo Batista e da Rede Ecossocialista Brasileira).

Resolvemos mudar o título desta nova edição, que agora corresponde mais diretamente ao conteúdo do livro e à sua principal proposta, o ecossocialismo.

Uma edição um pouco maior deste livro existe em francês e em castelhano, com o título *Ecosocialismo: La alternativa radical a la catástrofe ecológica capitalista*. E uma versão inglesa está em via de ser publicada.

O climatólogo norte-americano James Hansen, um dos maiores especialistas mundiais sobre a questão da mudança climática — a administração Bush tentou, em vão, impedi-lo de tornar públicos seus diagnósticos —, escreve o seguinte no primeiro parágrafo de seu livro publicado em 2009: "O planeta Terra, a Criação, o mundo no qual a civilização se desenvolveu, o mundo com as normas climáticas que nós conhecemos e com as margens do oceano estáveis, está em perigo iminente. A urgência da situação só se cristalizou nos últimos anos. Nós temos agora provas evidentes da crise (...). A surpreendente conclusão é que a continuação da exploração de todos os combustíveis fósseis da Terra ameaça não somente milhões de espécies do planeta, mas também a sobrevivência da própria humanidade — e os prazos são mais curtos do que pensávamos".[1]

Como reagem diante desta ameaça dramática os poderosos do planeta: bilionários, banqueiros, investidores, executivos, ministros, parlamentares e outros «expertos»? Motivados pela racionalidade estreita e míope do sistema capitalista, obcecados pelos imperativos de «crescimento» e expansão, pela luta por partes do mercado, pela competitividade, pelas margens de lucro e pela rentabilidade, os membros da oligarquia dominante parecem obedecer ao princípio proclamado pelo rei da França Luís 15: "depois de mim, o dilúvio". O espetacular fracasso de todas as conferências internacionais sobre a mudança climática — Copenhague, Doha, Rio de Janeiro etc. — é a manifestação mais

---

[1]. James Hansen, *Storms of my Grandchildren. The Truth About the Coming Climate Catastrophe and Our Last Chance to Save Humanity*, New York: Bloomsbury, 2009, p. IX.

visível desta atitude. O dilúvio do século XXI corre o risco de tomar a forma, como aquele da mitologia bíblica, de uma elevação inexorável do nível do mar, afogando sob as ondas do oceano as cidades da civilização humana.

Qual é então a solução alternativa? Mudar o comportamento individual dos consumidores, como propõem tantos ecologistas? A crítica cultural do consumismo é necessária, mas perfeitamente insuficiente. É preciso atacar o próprio modo de produção: se o problema é sistêmico, a solução tem de ser antissistêmica, isto é, anticapitalista. O projeto ecossocialista consiste em associar o "vermelho" — a crítica marxista do capital e a alternativa socialista — com o "verde", a crítica ecológica do produtivismo. O ecossocialismo surge nos anos 1970; entre seus pioneiros estão Manuel Sacristán (Espanha), Raymond Williams (Inglaterra), André Gorz (França), James O'Connor (Estados Unidos) e Frieder Otto Wolf (Alemanha). Com a publicação do Manifesto Ecossocialista Internacional (2001) e a fundação da Rede Ecossocialista Internacional (2007), esta corrente ganha em extensão, tanto na Europa como na América Latina, como testemunham a Conferência Ecossocialista Europeia de Genebra e a Conferência Ecossocialista de Quito, Equador, ambas em 2014.

Trata-se de uma proposta radical — isto é, que ataca a raiz do sistema — que se distingue tanto das variantes produtivistas do socialismo no século XX — a social-democracia ou o "comunismo" de tipo estalinista — quanto das correntes ecológicas que se acomodam, de uma ou outra forma, ao sistema capitalista. Uma proposta que almeja não só a transformação das relações de produção, do aparelho produtivo e do padrão de consumo dominante, mas sobretudo construir um novo tipo de civilização, em ruptura com os fundamentos da civilização capitalista/industrial ocidental moderna.

A presente coletânea de artigos não é uma formalização sistemática das ideias e práticas ecossocialistas, mas, mais modestamente, uma tentativa de explorar alguns de seus aspectos. O livro não se propõe codificar uma doutrina, ou estabelecer uma ortodoxia. Uma das qualidades do ecossocialismo é precisamente sua diversidade, sua pluralidade, a multiplicidade de perspectivas e pontos de vista — o que não impede, naturalmente, as convergências, como mostram os documentos ecossocialistas coletivos publicados em anexo.

Paris, 15 de julho de 2014

1

A herança de Chico Mendes

A convergência entre ecologia e socialismo teve no Brasil um precursor na extraordinária figura de Chico Mendes, um lutador que pagou com sua vida seu compromisso com a causa dos povos da floresta amazônica. Chico se transformou numa figura legendária, um herói do povo brasileiro, mas o tratamento mediático de sua história tende a ocultar a *radicalidade* social e política de seu combate. Existem também tentativas infelizes de "cortar pela metade" sua herança política: ecologistas reconciliados com o capitalismo "esquecem" seu compromisso socialista, enquanto socialistas atrasados negam a dimensão ecológica de sua luta.

Formado na cultura cristã libertadora das comunidades de base, o jovem seringueiro Francisco Alves Mendes Filho, nascido em 15 de dezembro de 1944, descobre o marxismo nos anos 1960 graças a um veterano comunista, Euclides Fernandes Távora, antigo tenente de 1935, partidário de Luís Carlos Prestes, que, depois de ficar preso em Fernando de Noronha, se exilou na Bolívia, onde participou nas lutas populares; perseguido, foi morar na selva amazônica, na fronteira do Acre com a Bolívia.

Este aprendizado marxista teve uma influência importante na formação das ideias políticas de Chico Mendes: em suas próprias palavras, o encontro com Távora "foi uma das melhores ajudas e uma das razões pelas quais eu julgo que estou em toda essa luta. Outros companheiros, infelizmente, naquela época, não tiveram o privilégio de receber uma orientação tão importante como a que recebi para o futuro".[1]

Em 1975 Chico funda, junto com Wilson Pinheiro, o sindicato dos trabalhadores rurais de Brasileia, e, pouco depois, em 1977, o sindicato dos trabalhadores rurais de Xapuri, sua terra natal. No mesmo ano, é eleito vereador pelo MDB para a Câmara Municipal local, mas bem rapidamente se dá conta de que este partido não é solidário com suas lutas.

É nesta época que ele vai inaugurar, com seus companheiros do sindicato, uma forma de luta não violenta inédita no mundo: os famosos *empates*. São centenas de seringueiros, com suas mulheres e filhos, que se dão as mãos e enfrentam, sem armas, os buldôzeres das grandes empresas interessadas no desmatamento, na derrubada das árvores. Algumas vezes os trabalhadores são derrotados, mas frequentemente conseguem parar, com suas mãos nuas, os tratores, buldôzeres e motosserras dos destruidores da floresta, ganhando, às vezes, a adesão dos peões encarregados do desmatamento.

---

1. *Chico Mendes por ele mesmo*. Rio de Janeiro: Fase, 1989. p. 64. Trata-se de uma entrevista autobiográfica realizada em Xapuri em novembro-dezembro de 1988 pelo prof. Pedro Vicente Sobrinho, da Universidade Federal do Acre, segundo um roteiro estabelecido por Candido Grzybowksi, professor na Fundação Getúlio Vargas.

O inimigo dos seringueiros são os latifundistas, o agronegócio, as empresas madeireiras ou pecuárias, que querem derrubar as árvores para exportar a madeira e/ou para plantar mato no lugar da floresta, criando gado para a exportação. Um inimigo poderoso, que conta com seu braço político, a UDR, seu braço armado, os jagunços e pistoleiros mercenários, e inúmeras cumplicidades na Polícia, na Justiça e nos governos (local, estadual e federal).

É a partir desta época que Chico Mendes começa a receber as primeiras ameaças de morte; pouco depois, em 1980, seu companheiro de lutas, Wilson Pinheiro, será assassinado. Para vingar este crime, que, como de costume, ficou impune, um grupo de seringueiros resolveu "justiçar" o fazendeiro mandante do assassinato.[2] Chico Mendes é enquadrado pelo regime militar na Lei de Segurança Nacional, a pedido dos fazendeiros da região que procuravam envolvê-lo nesse episódio. Várias vezes, em 1980 e 1982, ele é levado a julgamento diante de Tribunais Militares, acusado de "incitação à violência", mas acaba sendo absolvido, por falta de provas.

Nestes primeiros anos de sua atividade sindical, Chico Mendes, socialista convicto, milita nas fileiras do Partido

---

2. Em sua entrevista autobiográfica, Chico Mendes descreve este incidente: "Mataram Wilson e os trabalhadores ficaram em desespero. [...] Sentindo que não iam ter nenhuma resposta por parte da Justiça [...] foram emboscar um dos fazendeiros, um dos mandantes da morte de Wilson Pinheiro. [...] Os trabalhadores submeteram o fazendeiro a um julgamento sumário e a decisão foi pelo seu fuzilamento. [...] Mas, aí, a Justiça funcionou desta vez, de uma forma muito brava. Durante 24 horas, dezenas, centenas de seringueiros foram presos, torturados, alguns de unha arrancada com alicate. A Justiça funcionou porque tinha sido uma reação do pequeno contra o grande". *Chico Mendes por ele mesmo*. Rio de Janeiro: Fase, 1989. p. 19.

Comunista do Brasil. Decepcionado com este partido que, segundo seu depoimento, na hora da luta "se escondia atrás das cortinas",[3] ele adere em 1979-80 ao novo Partido dos Trabalhadores, fundado por Lula e seus companheiros, situando-se logo em sua ala esquerda, socialista. Sua tentativa de se eleger deputado estadual pelo PT em 1982 não tem sucesso, o que não é de surpreender, considerando a pouca base eleitoral do partido nestes primeiros anos. Em 1985 ele organiza, com seus companheiros sindicalistas, o Encontro Nacional dos Seringueiros que vai fundar o Conselho Nacional dos Seringueiros. Sua luta recebe o apoio do PT, da Pastoral da Terra, da CUT e do MST, que se está formando nesta época.

É nestes anos que o combate dos seringueiros e outros trabalhadores que vivem da extração (castanha, babaçu, juta) para defender a floresta vai convergir com o das comunidades indígenas e grupos camponeses diversos, dando lugar à formação da Aliança dos Povos da Floresta. Pela primeira vez, seringueiros e indígenas, que tantas vezes se haviam enfrentado no passado, unem suas forças contra o inimigo comum: o latifúndio, o agro-business, o capitalismo agrícola destrutor da floresta. Chico Mendes definiu com as seguintes palavras as bases desta aliança: "Nunca mais um companheiro nosso vai derramar o sangue do outro; juntos nós podemos proteger a natureza, que é o lugar onde

---

3. "Eu discordava de algumas posições do PCdoB, naquela época, porque quando a gente se articulava contra o latifúndio, quando eu enfrentava a luta, os embates e a repressão caíam em cima de mim, eles se escondiam por detrás das cortinas. Só eu aparecia na história. Comecei a ficar meio bravo com aquilo, desconfiando daquilo. Rompi com o grupo do PCdoB e aderi ao Partido dos Trabalhadores". (*Chico Mendes por ele mesmo*, p. 69)

nossa gente aprendeu a viver, a criar os filhos e a desenvolver suas capacidades, dentro de um pensamento harmonioso com a natureza, com o meio ambiente e com os seres que habitam aqui".[4]

Chico Mendes era perfeitamente consciente da dimensão ecológica desta luta, que interessava não só aos povos da Amazônia, mas a toda a população mundial, que depende da floresta tropical ("o pulmão verde do planeta"):

> "Descobrimos que para garantir o futuro da Amazônia era necessário criar a figura da reserva extrativista como forma de preservar a Amazônia. [...] Nós entendemos, os seringueiros entendem, que a Amazônia não pode se transformar num santuário intocável. Por outro lado, entendemos, também, que há uma necessidade muito urgente de se evitar o desmatamento que está ameaçando a Amazônia e com isto está ameaçando até a vida de todos os povos do planeta. [...] O que nós queremos com a reserva extrativista? Que as terras sejam da União e que elas sejam de usufruto dos seringueiros ou dos trabalhadores que nela habitam, pois não são extrativistas só os seringueiros."[5]

A solução proposta, uma espécie de reforma agrária adaptada às condições da Amazônia, é de inspiração socialista, posto que se baseia na propriedade pública da terra, e no usufruto dos trabalhadores. É provavelmente nesta

---

4. Discurso de Chico Mendes, citado por Ailton Krenak, coordenador da União das Nações Indígenas. In: *Chico Mendes*, Sindicato dos Trabalhadores de Xapuri, Central Única dos Trabalhadores. São Paulo, p. 26, jan. 1989.

5. *Chico Mendes por ele mesmo*. Rio de Janeiro: Fase, 1989. p. 24. O título deste capítulo da entrevista autobiográfica é "A criação de reservas extrativistas na Amazônia como alternativa ecológica e econômica".

época que Chico diz à sua companheira de lutas Marina Silva: "Nega velha, isso que a gente faz aqui é ecologia. Acabei de descobrir isso no Rio de Janeiro".[6]

Em 1987, organizações ambientalistas americanas convidam Chico Mendes para dar seu testemunho em uma reunião do Banco Interamericano de Desenvolvimento; sem hesitação, ele denuncia que o desmatamento da Amazônia era resultado dos projetos financiados pelos bancos internacionais. É a partir deste momento que ele se torna internacionalmente conhecido, recebendo, pouco depois, o Prêmio Ecológico "Global 500", das Nações Unidas. Seu combate era, ao mesmo tempo, social e ecológico, local e planetário, "vermelho" e "verde".

Pragmático, homem de terreno e de ação, organizador e lutador, preocupado com questões práticas e concretas — alfabetização, formação de cooperativas, busca de alternativas econômicas viáveis — Chico era também um sonhador e um utopista, no sentido nobre e revolucionário da palavra. É impossível ler sem emoção o testamento socialista e internacionalista que ele deixou para as gerações futuras, publicado depois de sua morte numa brochura do sindicato de Xapuri e da CUT:

> "Atenção, jovem do futuro!
> 6 de setembro do ano de 2120, aniversário do primeiro centenário da revolução socialista mundial, que unificou todos os povos do planeta, num só ideal e num só pensamento de unidade socialista, e que pôs fim a todos os inimigos da nova sociedade.

---

6. Cf. *Legado Chico Mendes*. Rio de Janeiro: Sesc, 2003. p. 38.

Aqui ficam somente a lembrança de um triste passado de dor, sofrimento e morte. Desculpem. Eu estava sonhando quando escrevi estes acontecimentos que eu mesmo não verei. Mas tenho o prazer de ter sonhado".[7]

Em 1988, o Encontro Nacional da CUT aprova a tese apresentada por Chico Mendes em nome do Conselho Nacional dos Seringueiros, com o título "Defesa da Natureza e dos Povos da Floresta", que apresenta, entre suas reivindicações, a seguinte exigência, ao mesmo tempo ecológica e social: "pela imediata desapropriação dos seringais em conflito para a implantação de assentamentos extrativistas de modo a não agredir a natureza e a cultura dos povos da floresta, possibilitando a utilização autossustentável dos recursos naturais, incrementando tecnologias secularmente desenvolvidas pelos povos estratores da Amazônia...".[8]

Ele obtém nesta época duas vitórias importantes: a implantação das primeiras reservas extrativistas criadas no Estado do Acre, e a desapropriação do Seringal Cachoeira, do latifundista Darly Alves da Silva, em Xapuri. Chico atribuía grande significado a esta conquista: "A coisa mais importante para estimular a continuidade deste movimento foi a vitória dos seringueiros da Cachoeira. Esta vitória da Cachoeira teve uma repercussão positiva para toda a região, pois os seringueiros estão conscientes de que eles lutaram contra o grupo mais forte, com assassinos sanguinários. Os

---

7. *Chico Mendes*, Sindicato dos Trabalhadores de Xapuri, Central Única dos Trabalhadores. São Paulo, p. 34, jan. 1989.

8. Ibid., p. 21.

seringueiros tinham consciência que estavam lutando com o esquadrão da morte e mesmo assim não temeram. Tivemos dias em que contamos com 400 seringueiros reunidos [...] em piquetes no meio da mata [...]".[9]

Para a oligarquia rural, que tem, há séculos, o hábito de "eliminar" — em total impunidade — aqueles que ousam organizar os trabalhadores para lutar contra o latifúndio, ele é um "cabra marcado para morrer". Pouco depois, em dezembro de 1988, Chico Mendes é assassinado, em frente a sua casa, por pistoleiros a serviço dos Alves da Silva.

Por sua articulação entre socialismo e ecologia, reforma agrária e defesa da Amazônia, lutas camponesas e lutas indígenas, a sobrevivência de humildes populações locais e a proteção de um patrimônio da humanidade — a última grande floresta tropical ainda não destruída pelo "progresso" capitalista — o combate de Chico Mendes é um movimento exemplar, que continuará a inspirar novas lutas, não só no Brasil mas em outros países e continentes.

A herança de Chico Mendes está presente nas lutas, nos combates de seringueiros e indígenas, na mobilização dos camponeses contra os transgênicos, na convergência entre ecologia e socialismo que começa a se realizar, não só em pequenas redes militantes, mas também em torno do mais importante movimento social do Brasil, o Movimento dos Trabalhadores Rurais Sem Terra (MST).

No quadro das comemorações do seu 20º aniversário, o MST organizou, em colaboração com a UFRJ, um seminário internacional no Rio de Janeiro (julho de 2004) sobre

---

9. *Chico Mendes por ele mesmo*, p. 57.

os "Dilemas da Humanidade".[10] Na brochura de apresentação da Conferência, encontramos resumido, em belas palavras, o "sonho de olhos abertos" (para usar uma expressão do filósofo marxista da esperança Ernst Bloch) dos organizadores: "um sonho que teima em acontecer: um mundo igualitário, que socialize suas riquezas materiais e culturais". No mesmo documento encontramos este diagnóstico da realidade atual: "A tal ponto o mundo encontra-se aviltado que não se trata mais de pensar estratégias para fazê-lo "voltar aos eixos"; trata-se de construir um caminho novo, baseado na igualdade entre os seres humanos e em princípios ecológicos". Um caminho novo, igualitário e ecológico, socializando as riquezas: acho que Chico Mendes se reconheceria neste programa.

---

10. Nesta ocasião, o autor deste livro teve a oportunidade de fazer uma exposição sobre o ecossocialismo, que suscitou ampla discussão.

2

Progresso destrutivo: Marx, Engels e a ecologia*

Em que medida o pensamento de Marx e Engels é compatível com a ecologia moderna? Podemos conceber uma leitura ecológica de Marx? Quais são as aquisições do marxismo indispensáveis à constituição de um ecossocialismo à altura dos desafios de século XXI? E quais são as concepções de Marx que exigem uma "revisão" em função dessas exigências? As breves notas que se seguem não têm a pretensão de responder a estas questões, mas somente de colocar algumas balizas para o debate. Meu ponto de partida é a constatação de que: a) os temas ecológicos não ocupam um lugar central no dispositivo teórico marxiano; b) os escritos de Marx e Engels sobre a relação entre as sociedades humanas e a natureza estão longe de serem unívocos, e podem portanto ser objeto de interpretações

---

* Traduzido por Marina Soler Jorge. Texto publicado originalmente na revista *Margem Esquerda*, n. 3, abr. 2004, e autorizado para esta edição por Boitempo Editorial Jinkings Editores Associados Ltda.

diferentes; c) a crítica do capitalismo de Marx e Engels é o fundamento indispensável de uma perspectiva ecológica radical. A partir destas premissas, tentarei colocar em evidência algumas tensões ou contradições presentes nos textos dos fundadores do materialismo histórico, sublinhando, entretanto, as pistas dadas por eles para uma ecologia de inspiração marxista.

Quais são as principais críticas dos ecologistas ao pensamento de Marx e Engels? Primeiramente, eles são descritos como partidários de um humanismo conquistador, "prometéico", que opõe o homem à natureza, e que faz dele o mestre e o senhor do mundo natural. É verdade que encontramos em suas obras muitas referências ao "controle", à "supremacia" ou mesmo à "dominação" sobre a natureza. Por exemplo, segundo Engels, no socialismo, os seres humanos "pela primeira vez tornam-se os mestres reais e conscientes da natureza, porque e enquanto mestres de sua própria vida em sociedade". Todavia, como veremos mais abaixo, os termos "supremacia" ou "dominação" da natureza remetem com frequência, em Marx e Engels, simplesmente ao conhecimento das leis da natureza.

Por outro lado, o que surpreende desde os primeiros escritos de Marx é seu naturalismo patente, sua visão do ser humano como ser natural, inseparável de seu ambiente natural. A natureza, escreve Marx nos *Manuscritos de 1844*, "é o corpo não orgânico do homem". Ou ainda:

> Dizer que a vida psíquica e intelectual do homem está indissoluvelmente ligada à natureza não significa outra coisa senão que a natureza está indissoluvelmente ligada com ela mesma, pois o homem é uma parte da natureza. (Marx, 1962, p. 62-87)

Certamente, Marx reivindica para si o humanismo, mas ele define o comunismo como um humanismo que é, ao mesmo tempo, um "naturalismo acabado"; e, sobretudo, ele o concebe como a verdadeira solução para "o antagonismo entre o homem e a natureza". Graças à abolição positiva da propriedade privada, a sociedade humana se tornará "a realização da unidade essencial do homem com a natureza, a verdadeira ressurreição da natureza, o naturalismo completo do homem e o humanismo completo da natureza".

Estas passagens não se referem diretamente ao problema ecológico — e às ameaças sobre o meio ambiente —, mas é da lógica deste tipo de naturalismo permitir uma abordagem da relação homem/natureza que não seja unilateral. Em um texto célebre de Engels sobre "O papel do trabalho na transformação do macaco em homem" (1876), este mesmo tipo de naturalismo serve de fundamento a uma crítica da atividade humana predatória sobre o meio ambiente:

> Nós não devemos nos vangloriar demais das nossas vitórias humanas sobre a natureza. Para cada uma destas vitórias, a natureza se vinga de nós. É verdade que cada vitória nos dá, em primeira instância, os resultados esperados, mas em segunda e terceira instâncias ela tem efeitos diferentes, inesperados, que muito frequentemente anulam o primeiro. As pessoas que, na Mesopotâmia, Grécia, Ásia Menor e alhures destruíram as florestas para obter terra cultivável, nunca imaginaram que eliminando junto com as florestas os centros de coleta e as reservas de umidade lançaram as bases para o atual estado desolador desses países. Quando os italianos dos Alpes cortaram as florestas de pinheiros da encosta sul, tão amadas na encosta norte, eles não tinham a menor ideia de que agindo assim cortavam as raízes da indústria láctea da

sua região; previam menos ainda que pela sua prática eles privavam de água suas fontes montanhesas durante a maior parte do ano [...]. Os fatos nos lembram a todo instante que nós não reinamos sobre a natureza do mesmo modo que um colonizador reina sobre um povo estrangeiro, como alguém que está fora da natureza, mas que nós lhe pertencemos com nossa carne, nosso sangue, nosso cérebro, que nós estamos em seu seio e que toda a nossa dominação sobre ela reside na vantagem que levamos sobre o conjunto das outras criaturas por conhecer suas leis e por podermos nos servir dela judiciosamente. (Engels, 1968, p. 180-181)

Certamente, este exemplo tem um aspecto muito geral — ele não coloca em questão o modo de produção capitalista, mas as civilizações antigas —, porém ele não deixa de ser um argumento ecológico de uma surpreendente modernidade, tanto por colocar-se contra as destruições geradas pela produção como pela sua crítica ao desflorestamento.

Segundo os ecologistas, Marx, seguindo Ricardo, atribui a origem de todo valor e de toda riqueza ao trabalho humano, negligenciando a contribuição da natureza. Esta crítica resulta, na minha opinião, de um mal-entendido: Marx utiliza a teoria do valor-trabalho para explicar a origem do valor de troca, no âmbito do sistema capitalista. A natureza, por outro lado, participa da formação das verdadeiras riquezas, que não são valores de troca, mas valores de uso. Esta tese é muito explicitamente empregada por Marx na "Crítica do Programa de Gotha" contra as ideias de Lassalle e seus discípulos:

> O trabalho não é a fonte de toda riqueza. A natureza é fonte dos valores de uso (que são, de qualquer forma, a riqueza

real!) tanto quanto o trabalho, que não é em si nada além da expressão de uma força natural, a força de trabalho do homem. (Marx, Engels, 1950, p. 128)

Os ecologistas acusam Marx e Engels de produtivismo. Esta acusação é justificada? Não, na medida em que ninguém denunciou tanto quanto Marx a lógica capitalista de produção pela produção, a acumulação de capital, de riquezas e de mercadorias como fim em si. A ideia mesma de socialismo — ao contrário de suas miseráveis contrafações burocráticas — é a de uma produção de valores de uso, de bens necessários à satisfação das necessidades humanas. O objetivo supremo do progresso técnico para Marx não é o crescimento infinito de bens ("o ter") mas a redução da jornada de trabalho e o crescimento do tempo livre ("o ser").

No entanto, é verdade que se encontra frequentemente em Marx e Engels (e ainda mais no marxismo ulterior) uma postura pouco crítica a respeito do sistema de produção industrial criado pelo capital e uma tendência a fazer do "desenvolvimento das forças produtivas" o principal vetor do progresso. O texto "canônico" deste ponto de vista é o célebre "Prefácio à contribuição à crítica da economia política" (1859), um dos escritos de Marx mais marcados por um certo evolucionismo, pela filosofia do progresso, pelo cientificismo (o modelo das ciências da natureza) e por uma visão nada problematizada das forças produtivas:

> Em uma certa etapa de seu desenvolvimento, as forças produtivas materiais da sociedade entram em contradição com as relações de produção existentes [...]. De formas de desenvolvimento das forças produtivas essas relações se transformam em seus grilhões (*entraves*). Sobrevém então

uma época de revolução social. [...] Uma formação social nunca perece antes que estejam desenvolvidas todas as forças produtivas para as quais ela é suficientemente desenvolvida [...].[1]

Nesta passagem célebre, as forças produtivas aparecem como "neutras", e a revolução tem por tarefa tão somente abolir as relações de produção que se tornaram um "entrave" a um desenvolvimento ilimitado daquelas.

A seguinte passagem dos *Grundrisse* é um bom exemplo da admiração muito pouco crítica de Marx pela obra "civilizatória" da produção capitalista e por sua instrumentalização brutal da natureza:

> Deste modo, então, a produção fundada sobre o capital cria por um lado a indústria universal, ou seja, o sobre-trabalho, ao mesmo tempo que o trabalho criador de valores; por outro lado, um sistema de exploração geral das propriedades da natureza e do homem [...]. O capital começa então a criar a sociedade burguesa e a apropriação universal da natureza e estabelecer uma rede que engloba todos os membros da sociedade: esta é a grande ação civilizatória do capital.
> Ele se eleva a um nível social tal que todas as sociedades anteriores aparecem como desenvolvimentos puramente locais de humanidade e como uma idolatria da natureza. Com efeito, a natureza torna-se um puro objeto para o homem, uma coisa útil. Não é mais reconhecida como uma potência. A inteligência teórica das leis naturais tem todos os aspectos de um estratagema que procura submeter a

---

1. Tradução deste trecho a partir da edição em português: Marx, Karl. *Para a crítica da economia política*; Salário, preço e lucro; O rendimento e suas fontes. São Paulo: Abril Cultural, 1982. (Col. Os Economistas.)

natureza às necessidades humanas, seja como objeto de consumo, seja como meio de produção.

Parece faltar a Marx e Engels uma noção geral dos limites naturais ao desenvolvimento das forças produtivas. Encontra-se aqui ou lá, como por exemplo nesta passagem de *A ideologia alemã*, a intuição do potencial destrutivo que elas têm:

> No desenvolvimento das forças produtivas atinge-se um estado onde surgem forças produtivas e meios de circulação que só podem ser nefastos no âmbito das relações existentes e já não são forças produtivas mas sim forças destrutivas (o maquinismo e o dinheiro).[2]

Infelizmente, esta ideia não é desenvolvida pelos dois autores, e não é certo se a destruição que está em questão aqui é aquela da natureza. Por outro lado, em certas passagens relativas à agricultura, vemos esboçar-se uma verdadeira problemática ecológica, e uma crítica radical das catástrofes resultantes do produtivismo capitalista. O que encontramos nestes textos é um tipo de teoria da ruptura do metabolismo entre as sociedades humanas e a natureza, como resultado do produtivismo capitalista. O ponto de partida de Marx são os trabalhos do químico e agrônomo Liebig, do qual "é um dos méritos imortais [...] ter feito ressurgir amplamente o lado negativo da agricultura moderna sob o ponto de vista científico". A expressão *Riss des Stofwechsels*, ruptura ou distensão do metabolismo — ou das trocas

---

2. Tradução deste trecho a partir da edição em português: Marx, Karl; Engels Friedrich. *A ideologia alemã*. Lisboa: Presença/Martins Fontes, 1974. (Col. Síntese.).

materiais — aparece notadamente numa passagem do capítulo 47, "Gênese da renda fundiária capitalista", no livro III de *O capital*:

> Por um lado, a grande propriedade rural reduz a população agrícola a um mínimo em decréscimo constante e lhe contrapõe uma população industrial em constante crescimento, amontoada em grandes cidades; gera, com isso, condições que provocam uma insanável ruptura (*unheilbaren Riss*) no contexto do metabolismo (*Stoffwechsel*) social, prescrito pelas leis naturais da vida, em decorrência da qual se desperdiça (*verschleudert*) a força da terra e esse desperdício é levado pelo contrário muito além das fronteiras do próprio país (Liebig). [...] Grande indústria e grande agricultura, exploradas industrialmente, atuam conjuntamente. Se, originariamente, elas se diferenciam pelo fato de que a primeira devasta (*verwüstet*) e arruína mais a força de trabalho e por isso a força natural do homem, e a última, mais diretamente a força natural da terra, mais tarde, ao longo do desenvolvimento, ambas se dão as mãos, ao passo que o sistema industrial na zona rural também extenua os trabalhadores e, por sua vez, a indústria e o comércio proporcionam à agricultura os meios para o esgotamento da terra.[3]

Como a maioria dos exemplos que veremos a seguir, a atenção de Marx se concentra sobre a agricultura e o problema da devastação dos solos, mas ele vincula esta questão a um princípio mais geral: a ruptura no sistema de trocas materiais (*Stoffwechsel*) entre as sociedades humanas e o meio ambiente, em contradição com "as leis naturais da

---

3. Tradução deste trecho a partir da edição em português: Marx, Karl. *O capital*. São Paulo: Abril Cultural, 1985. v. III, t. 2. (Col. Os Economistas.)

vida". É interessante notar assim duas sugestões importantes, ainda que pouco desenvolvidas por Marx: a cooperação entre indústria e agricultura neste processo de ruptura, e a extensão dos danos, graças ao comércio internacional, a uma escala global.

O tema da ruptura do metabolismo se encontra também numa passagem conhecida do livro I d'*O capital*: a conclusão do capítulo sobre a grande indústria e a agricultura. É um dos raros textos de Marx no qual se coloca explicitamente a questão das devastações provocadas pelo capital sobre o ambiente natural — assim como uma visão dialética das contradições do "progresso" induzidas pelas forças produtivas:

> Com a preponderância sempre crescente da população urbana que amontoa em grandes centros, a produção capitalista acumula, por um lado, a força motriz histórica da sociedade, mas perturba, por outro lado, o metabolismo (*Stoffwechsel*) entre homem e terra, isto é, o retorno dos componentes da terra consumidos pelo homem, sob forma de alimentos e vestuários, à terra, portanto, a eterna condição natural de fertilidade permanente (*dauernder*) do solo. Com isso, ela destrói simultaneamente a saúde física dos trabalhadores urbanos e a vida espiritual dos trabalhadores rurais. Mas, ao destruir as condições desse metabolismo, desenvolvidas espontaneamente, obriga-o, simultaneamente, a restaurá-lo de maneira sistemática, como lei reguladora da produção social e numa forma adequada ao pleno desenvolvimento humano. [...]. E cada progresso da agricultura capitalista não é só um progresso da arte de saquear o solo, pois cada progresso no aumento da fertilidade por certo período é simultaneamente um progresso na ruína das fontes permanentes dessa fertilidade. Quanto mais um país,

como, por exemplo, os Estados Unidos da América do Norte, se inicia com a grande indústria como fundamento de seu desenvolvimento, tanto mais rápido esse processo de destruição. Por isso, a produção capitalista só desenvolve a técnica e a combinação do processo de produção social ao minar simultaneamente as fontes de toda a riqueza: a terra e o trabalhador.[4]

Muitos aspectos são notáveis neste texto: primeiramente, a ideia de que o progresso pode ser destrutivo, um "progresso" na degradação e na deterioração do meio ambiente natural. O exemplo escolhido não é o melhor, e parece limitado demais — a perda da fertilidade do solo —, mas ele ao menos coloca a questão mais geral das agressões ao meio natural, às "condições naturais eternas", pela produção capitalista. A exploração e o aviltamento dos trabalhadores e da natureza são postos em paralelo, como resultado da mesma lógica predatória, aquela da grande indústria e da agricultura capitalista. É um tema retomado frequentemente em *O capital*, por exemplo nestas passagens do capítulo sobre a jornada de trabalho:

> A limitação do trabalho manufatureiro foi ditada pela necessidade, pela mesma necessidade que disseminou o guano pelos campos da Inglaterra. A mesma culpa cega que esgota o solo, atacava até a raiz a força vital da nação [...]. Na sua paixão cega e desmesurada, na sua gula por trabalho extra, o capital ultrapassa não apenas os limites morais, mas também os limites psicológicos extremos da jornada de trabalho [...] E ele alcança seu objetivo abrangendo a vida do traba-

---

4. Tradução deste trecho a partir da edição em português: Marx, Karl. *O capital*. São Paulo: Abril Cultural, 1984. v. I, t. 2. (Col. Os Economistas.)

lhador, assim como um agricultor ávido obtém de seu solo um maior rendimento esgotando sua fertilidade.

Esta associação direta entre a exploração do proletariado e a da natureza, a despeito de seus limites, abre um campo de reflexão sobre a articulação entre luta de classes e luta em defesa do meio ambiente, em um combate comum contra a dominação do proletariado.

Estes diferentes textos colocam em evidência a contradição entre a lógica imediatista do capital e a possibilidade de uma agricultura "racional" fundada sobre uma temporalidade muito mais longa e numa perspectiva durável e intergeracional que respeita o meio ambiente:

> Mesmo os químicos agrícolas claramente conservadores como Johnson, por exemplo, reconhecem que a propriedade privada é um limite intransponível para uma agricultura verdadeiramente racional. [...] Todo o espírito da produção capitalista, orientado para o lucro monetário imediato, está em contradição com a agricultura, que deve levar em conta o conjunto permanente (*ständigen*) das condições de vida da cadeia das gerações humanas. Um exemplo espantoso são as florestas, que só são em certa medida administradas de acordo com o interesse geral lá onde elas não estão submetidas à propriedade privada mas à gestão estatal.

Depois do esgotamento do solo, o outro exemplo de catástrofe ecológica sugerido pelos textos de Marx e Engels citados até aqui é aquele da destruição das florestas. Ele aparece repetidas vezes em *O capital*:

> [...] o desenvolvimento da civilização e da indústria em geral [...] se mostra sempre tão ativo na devastação das florestas

que tudo aquilo que pôde ser empreendido para a conservação e produção é comparativamente completamente insignificante.

Os dois problemas — a degradação das florestas e a do solo — são inclusive estreitamente ligadas em suas análises. Em uma passagem da *Dialética da natureza*, Engels cita a destruição das florestas cubanas pelos grandes produtores de café espanhóis e a desertificação do solo resultante como exemplo da atitude imediatista e predatória do "atual modo de produção" para com a natureza, e de sua indiferença aos "efeitos naturais" nocivos das suas ações a longo prazo.

O problema da poluição do meio ambiente não está ausente de suas preocupações, mas é abordado quase que exclusivamente sob o ângulo da insalubridade dos bairros operários nas grandes cidades inglesas. O exemplo mais evidente são as páginas de *A condição da classe operária inglesa* (1844), nas quais Engels descreve com horror e indignação a acumulação de dejetos e resíduos industriais nas ruas e nos rios, o gás carbônico que toma o lugar do oxigênio e envenena a atmosfera, as "exalações dos rios contaminados e poluídos" (Marx e Engels, 1953, p. 129-130) etc. Implicitamente, estas passagens e outras análogas põem em questão a poluição do meio ambiente pela atividade industrial capitalista, mas a questão não é nunca colocada diretamente.

Como Marx e Engels definem o programa socialista em relação ao ambiente natural? Quais as transformações que o sistema produtivo deve conhecer para tornar-se compatível com a preservação da natureza? Eles parecem com frequência conceber a produção socialista simplesmente como a apropriação coletiva das forças e dos meios de produção desenvolvidos pelo capitalismo: uma vez abolidos os "grilhões" que as relações de produção e em particular as relações de propriedade representam, estas forças poderão se desenvolver sem entraves. Haveria então um tipo de continuidade substancial entre o aparelho produtivo capitalista e o socialista, a aposta socialista sendo antes de tudo a gestão planificada e racional desta civilização material criada pelo capital. Por exemplo, na célebre conclusão do capítulo sobre a acumulação primitiva do capital, Marx escreve:

> O monopólio do capital torna-se um entrave para o modo de produção que floresceu com ele e sob ele. A centralização dos meios de produção e a socialização do trabalho atingem um ponto em que se tornam incompatíveis com seu invólucro capitalista. Ele é arrebentado. Soa a hora final da propriedade privada capitalista. [...] A produção capitalista produz, com a inexorabilidade de um processo natural, sua própria negação.[5]

Além do determinismo fatalista e positivista, esta passagem parece deixar intacta, na perspectiva socialista, o conjunto do modo de produção criado "sob os auspícios" do capital, pondo em questão apenas "o invólucro" da propriedade privada, transformada em um "entrave" para as forças (*ressorts*) materiais da produção. A mesma lógica "continuísta" preside certas passagens do *Anti-Dühring*, onde se trata do socialismo como sinônimo do desenvolvimento ilimitado das forças produtivas:

---

5. Tradução deste trecho a partir da edição em português: Marx, Karl. *O capital*. Op. cit., v. I, t. 2.

A força de expansão dos meios de produção faz soltar (*sauter*) as correntes das quais o modo de produção capitalista as havia encarregado (*chargée*). Esta liberação das correntes é a única condição requerida para um desenvolvimento das forças produtivas interrompidas, progredindo a um ritmo sempre mais rápido, e por consequência, para um crescimento sem limites da produção em si.

Não é necessário dizer que o problema do meio ambiente está ausente desta concepção da passagem ao socialismo. No entanto, é possível encontrar outros escritos que levam em consideração a dimensão ecológica do programa socialista e abrem algumas pistas interessantes. Vimos que os *Manuscritos de 1844* se referem ao comunismo como "a verdadeira solução para o antagonismo entre o ser humano e a natureza". E na passagem citada abaixo do volume I d'*O capital* Marx deixa entender que as sociedades pré-capitalistas asseguram "espontaneamente" (*naturwüchsig*) o *Stoffwechsel*, o metabolismo entre os grupos humanos e a natureza; no socialismo (a palavra não aparece diretamente, mas podemos inferir pelo contexto) deveremos restabelecê-lo de forma sistemática e racional, "como lei reguladora da produção social". É pena que nem Marx nem Engels tenham desenvolvido esta intuição fundada na ideia de que as comunidades pré-capitalistas viviam espontaneamente em harmonia com o seu meio natural, e que a tarefa do socialismo é restabelecer esta harmonia sobre novas bases.

Certas passagens de Marx parecem considerar a conservação do meio ambiente natural como uma tarefa fundamental do socialismo. Por exemplo, o volume III d'*O capital* opõe a lógica capitalista da grande produção agrícola, fundada sobre a exploração e desperdício das forças do solo, a uma outra lógica, de natureza socialista: "o tratamento conscientemente racional da terra como eterna propriedade comunitária, e como condição inalienável (*unveräusserlichen*) de existência e de reprodução da cadeia das gerações humanas sucessivas". Um raciocínio análogo se encontra algumas páginas mais acima:

> Mesmo uma sociedade inteira, uma nação, enfim, todas as sociedades contemporâneas tomadas em conjunto, não são proprietárias da terra. Elas são apenas ocupantes, usufrutuárias (*Nutzniesser*), e devem, como bons *paters familias*, deixá-la em melhor estado para as futuras gerações.

Em outras palavras: Marx parece aceitar o "Princípio Responsabilidade" (*"Principe Responsabilité"*) caro a Hans Jonas, a obrigação de cada geração de respeitar o meio ambiente — condição de existência das próximas gerações.

Em alguns textos o socialismo está associado à abolição da separação entre cidades e campo, e desta forma à supressão da poluição industrial urbana: "É apenas pela fusão da cidade e do campo que se pode eliminar a intoxicação atual do ar, da água e do solo; somente ela pode levar as massas que hoje se prostram nas cidades ao ponto em que seus dejetos servirão para produzir plantas, no lugar de produzir doenças". A formulação é inadequada — a questão sendo reduzida a um problema de metabolismo dos dejetos humanos! —, mas uma questão essencial é colocada: como pôr fim ao envenenamento industrial do meio ambiente? O romance utópico do grande escritor marxista libertário William Morris, *Notícias de lugar nenhum* (1890), é uma tentativa fascinante de imaginar um mundo socialista novo, onde as grandes cidades industriais tenham cedido lugar a um hábitat urbano/rural que respeite o ambiente natural.

Enfim, sempre no mesmo volume III d'*O capital*, Marx não define mais o socialismo como a dominação ou o controle humano sobre a natureza, mas antes como controle sobre as trocas materiais com a natureza: na esfera da produção material,

> [...] a única liberdade possível é a regulação racional, pelo ser humano socializado, pelos produtores associados, de seu metabolismo (*Stoffwechsel*) com a natureza, que eles controlam juntos ao invés de serem dominados por ele como por uma potência cega.

Esta ideia será retomada por sua conta, quase palavra por palavra, por Walter Benjamin, um dos primeiros marxistas do século XX a se colocar este tipo de questão: desde 1928, em seu livro *Senso único* (*Sens unique*), ele denunciava a ideia de dominação da natureza como um "ensinamento imperialista" e propunha uma nova concepção de técnica como "império (*maîtrise*) da relação entre a natureza e a humanidade".

Não será difícil encontrar outros exemplos de uma real sensibilidade à questão do ambiente natural da atividade humana. Não resta dúvida de que falta a Marx e Engels uma perspectiva ecológica de conjunto. Por outro lado, é impossível pensar em uma ecologia crítica à altura dos desafios contemporâneos sem ter em conta a crítica marxiana da economia política, o questionamento da lógica destrutiva induzida pela acumulação limitada de capital. Uma ecologia que ignora ou negligencia o marxismo e sua crítica do fetichismo da mercadoria está condenada a não ser mais do que uma correção dos "excessos" do produtivismo capitalista.

Podemos concluir provisoriamente esta discussão com uma sugestão, que me parece pertinente, avançada por Daniel Bensaïd em sua recente — e notável — obra sobre *Marx, o intempestivo*: reconhecendo que seria tão abusivo exonerar Marx das ilusões "progressistas" ou "prometéicas" de seu tempo como fazer dele uma voz a favor da industrialização desmedida, ele nos propõe um caminho bem mais fecundo: instalar-se nas contradições de Marx e tomá-las a sério. A primeira destas contradições sendo, com certeza, aquela entre o credo produtivista de certos textos e a intuição de que o progresso pode ser a fonte da destruição irreversível do meio ambiente.

A questão ecológica é, na minha visão, o grande desafio para uma renovação do pensamento marxista no início do século XXI. Ela exige dos marxistas uma ruptura radical com a ideologia do progresso linear e com o paradigma tecnológico e econômico da civilização industrial moderna. Certamente, não se trata — isto é evidente — de colocar em questão a necessidade do progresso científico e técnico e da elevação da produtividade do trabalho: estas são duas condições incontornáveis para dois objetivos essenciais do socialismo: a satisfação das necessidades sociais e a redução da jornada de trabalho. O desafio é reorientar o progresso de maneira a torná-lo compatível com a preservação do equilíbrio ecológico do planeta.

O calcanhar de aquiles do raciocínio de Marx e Engels era, em alguns textos "canônicos", uma concepção acrítica das forças produtivas capitalistas — ou seja, do aparelho técnico/produtivo capitalista/industrial moderno —, como se elas fossem "neutras" e como se fosse suficiente aos revolucionários socializá-las, substituir sua apropriação privada por uma apropriação coletiva, fazendo-as funcionar em benefício dos trabalhadores e desenvolvendo-as de maneira ilimitada. Creio que seria necessário aplicar no aparelho produtivo moldado pelo capital o mesmo raciocínio que Marx propunha, em *A guerra civil na França* (1871), para o tema do aparelho de Estado: "A classe trabalhadora não pode se contentar em tomar tal e qual a máquina do Estado e fazê-la funcionar por sua própria conta". *Mutatis mutandis*, os trabalhadores não podem se contentar em tomar tal e qual a "máquina" produtiva capitalista e fazê-la funcionar por sua própria conta: eles devem transformá-la radicalmente — o equivalente daquilo que Marx chama numa carta a Kugelmann sobre a Comuna de Paris, "destruir o aparelho de Estado" burguês — em função de critérios socialistas e ecológicos. O que implica não apenas a substituição das formas de energia destrutivas por fontes de energia renováveis e não poluentes como a energia solar, mas também uma profunda transformação do sistema produtivo herdado do capitalismo, assim como do sistema de transportes e do sistema de habitação urbana.

Em poucas palavras, o ecossocialismo implica uma radicalização da ruptura com a civilização material capitalista. Nesta perspectiva, o projeto socialista visa não apenas uma nova sociedade e um novo modo de produção, mas também um novo paradigma de civilização.

3

O que é o ecossocialismo?*

1. Os marxistas e a ecologia

Crescimento exponencial da poluição do ar nas grandes cidades, da água potável e do meio ambiente em geral; aquecimento do Planeta, começo da fusão das geleiras polares, multiplicação das catástrofes "naturais"; início da destruição da camada de ozônio; destruição, numa velocidade cada vez maior, das florestas tropicais e rápida redução da biodiversidade pela extinção de milhares de espécies; esgotamento dos solos, desertificação; acumulação de resíduos, notadamente nucleares, impossíveis de controlar; multiplicação dos acidentes nucleares e ameaça de um novo Chernobyl; poluição alimentar, manipulações genéticas, "vaca louca", gado com hormônios. Todos os faróis estão no vermelho: é evidente que a corrida louca atrás do lucro, a lógica produtivista e mercantil da civilização capitalista/industrial nos leva a um desastre ecológico de proporções

---

* Traduzido por Renata Cordeiro.

incalculáveis. Não se trata de ceder ao "catastrofismo" constatar que a dinâmica do "crescimento" infinito induzido pela expansão capitalista ameaça destruir os fundamentos naturais da vida humana no Planeta.[1]

Como reagir frente a esse perigo? O socialismo e a ecologia — ou pelo menos algumas das suas correntes — têm objetivos comuns, que implicam questionar a autonomização da economia, do reino da quantificação, da produção como um objetivo em si mesmo, da ditadura do dinheiro, da redução do universo social ao cálculo das margens da rentabilidade e às necessidades da acumulação do capital. Ambos pedem valores qualitativos: o valor de uso, a satisfação das necessidades, a igualdade social para uns, a preservação da natureza, o equilíbrio ecológico para outros. Ambos concebem a economia como "inserida" no meio ambiente: social para uns, natural para outros.

A questão ecológica é, a meu ver, *o grande desafio* para uma renovação do pensamento marxista no início do século XXI. Tal questão exige dos marxistas uma revisão crítica profunda da sua concepção tradicional de "forças produtivas", bem como uma ruptura radical com a ideologia do progresso linear e com o paradigma tecnológico e econômico da civilização industrial moderna. Walter Benjamin foi um dos primeiros marxistas do século XX a se colocar esse tipo de questão: já em 1928, no seu livro *Sentido único*, ele denunciava a ideia de dominação da natureza como um "ensino imperialista" e propunha uma nova concepção da técnica como "domínio da relação entre a natureza e a

---

1. Ver a esse respeito a excelente obra de Kovel, J. *The ennemy of nature: the end of capitalism or the end of the world?* Nova York: Zed Books, 2002.

humanidade". Alguns anos depois, nas *Teses sobre o conceito de história*, ele se propõe enriquecer o materialismo histórico com as ideias de Fourier, esse visionário utópico que sonhara com "um trabalho que, muito longe de explorar a natureza, tem condições de fazer com que dela nasçam as criações adormecidas no seu cerne".[2]

Hoje, ainda, o marxismo está longe de ter preenchido o seu atraso nessa área. No entanto, algumas reflexões começam a dedicar-se a essa tarefa. Uma pista fecunda foi aberta pelo ecologista e "marxista-polanyista" norte-americano James O'Connor: é preciso acrescentar à primeira contradição do capitalismo, examinada por Marx, a que há entre as forças e as relações de produção, uma segunda contradição, a que há entre as forças produtivas e as *condições de produção*: os trabalhadores, o espaço urbano, *a natureza*. Pela sua dinâmica expansionista, o capital põe em perigo ou destrói as suas próprias condições, a começar pelo meio ambiente natural — uma possibilidade que Marx não tinha levado suficientemente em consideração.[3]

---

2. Benjamin, W. *Sens unique*. Paris: Lettres Nouvelles/Maurice Nadeau, 1978, p. 243; e "Thèses sur la philosophie de l'histoire". In: *L'homme, le langage et la culture*. Paris: Denoël, 1971, p. 190. Podemos igualmente mencionar o socialista austríaco Julius Dickmann, autor de um ensaio pioneiro publicado em 1933 em *La critique sociale*: de acordo com ele, o socialismo seria o resultado não de um "desenvolvimento impetuoso das forças produtivas", mas antes uma necessidade imposta pela "diminuição das fontes de recursos naturais" dilapidadas pelo capital. O desenvolvimento "irrefletido" das forças produtivas pelo capitalismo mina até mesmo as condições de vida do gênero humano ("La véritable limite de la production capitaliste", *La critique sociale*, n. 9, set. 1933).

3. O'Connor, J. "La seconde contradiction du capitalisme: causes et conséquences". In: "L'écologie, ce matérialisme historique". *Actuel Marx*, Paris, Presses Universitaires de France, n. 12, p. 30-36, 1992.

Outra abordagem interessante é sugerida num texto recente de um "eco-marxista" italiano: "A fórmula segundo a qual se produz uma transformação das forças potencialmente produtivas em forças efetivamente produtivas, sobretudo em relação ao meio ambiente, nos parece mais apropriada e mais significativa do que o esquema muito conhecido da contradição entre as forças produtivas (dinâmicas) e as relações de produção (que as encadeiam). Além disso, essa abordagem permite dar um fundamento crítico e não apologético ao desenvolvimento econômico, tecnológico, científico, e, portanto, elaborar um conceito de progresso 'diferenciado' (E. Bloch)".[4]

Quer seja marxista ou não, o movimento operário tradicional na Europa — sindicatos, partidos sociais-democratas e comunistas — permanece ainda profundamente marcado pela ideologia do "progresso" e pelo produtivismo, chegando até mesmo, em alguns casos, a defender, sem se questionar muito, a energia nuclear ou a indústria automobilística. É verdade que um princípio de sensibilização ecologista está em vias de desenvolvimento, notadamente nos sindicatos e partidos de esquerda nos países nórdicos, na Espanha, na Alemanha etc.

2. O ecossocialismo

A grande contribuição da ecologia foi — e ainda é — fazer-nos tomar consciência dos perigos que ameaçam o

---

4. Babarolo, T. "Encore sur marxisme et écologie". In: *Quatrième Internationale*, n. 44, p. 25, jul. 1992.

planeta em consequência do atual modo de produção e consumo. O crescimento exponencial das agressões ao meio ambiente, a ameaça crescente de uma ruptura do equilíbrio ecológico configuram um cenário-catástrofe que põe em questão a própria sobrevivência da vida humana. Confrontamo-nos com uma *crise de civilização* que exige mudanças radicais.

O problema é que as propostas feitas pelas correntes dominantes da ecologia política europeia são muito insuficientes ou levam a becos sem saída. A sua principal fraqueza é ignorar a conexão necessária entre o produtivismo e o capitalismo, o que leva à ilusão do "capitalismo limpo" ou de reformas capazes de lhe controlar os "excessos" (como, por exemplo, as ecotaxas). Ou então, tomando por pretexto a imitação, pelas economias burocráticas do comando, do produtivismo ocidental, tais correntes põem capitalismo e "socialismo" de costas grudadas, como variantes do mesmo modelo — um argumento que perdeu muito do seu interesse após o desabamento do pretenso "socialismo real".

Os ecologistas se enganam se pensam que podem fazer a economia da crítica marxiana do capitalismo: uma ecologia que não se dá conta da relação entre "produtivismo" e lógica do lucro está fadada ao fracasso — ou pior, à recuperação pelo sistema. Os exemplos abundam... A ausência de uma postura anticapitalista coerente levou a maior parte dos partidos verdes europeus — na França, Alemanha, Itália, Bélgica — a tornar-se simples partidários "ecorreformistas" da gestão social-liberal do capitalismo pelos governos de centro-esquerda.

Considerando os trabalhadores como irremediavelmente votados ao produtivismo, alguns ecologistas não tomam uma posição sobre o movimento operário, e inscreveram na sua bandeira: "nem esquerda, nem direita". Alguns ex-marxistas convertidos à ecologia dizem apressadamente "adeus à classe operária" (André Gorz), ao passo que outros (Alain Lipietz) insistem que é preciso deixar o "vermelho" — isto é, o marxismo ou o socialismo — para aderir ao "verde", novo paradigma que traria uma resposta para todos os problemas econômicos e sociais.

Enfim, nas correntes ditas "fundamentalistas" (ou *deep ecology*), vemos esboçar-se, sob o pretexto de combate contra o antropocentrismo, a recusa do humanismo, o que leva a posições relativistas que põem todas as espécies vivas no mesmo nível. É realmente necessário considerar que o bacilo de Koch ou o mosquito anófeles têm o mesmo direito à vida que uma criança tuberculosa ou com malária?

Portanto, o que é o ecossocialismo? Trata-se de uma corrente de pensamento e de ação ecológica que faz suas as aquisições fundamentais do marxismo — ao mesmo tempo que o livra das suas escórias produtivistas. Para os ecossocialistas a lógica do mercado e do lucro — assim como a do autoritarismo burocrático de ferro e do "socialismo real" — são incompatíveis com as exigências de preservação do meio ambiente natural. Ainda que critiquem a ideologia das correntes dominantes do movimento operário, eles sabem que os trabalhadores e as suas organizações são uma força essencial para qualquer transformação radical do sistema, e para o estabelecimento de uma nova sociedade, socialista e ecológica.

O ecossocialismo se desenvolveu sobretudo durante os últimos trinta anos, graças às obras de pensadores do porte de Manuel Sacristan, Raymond Williams, Rudolf

Bahro e André Gorz (nos seus primeiros escritos), bem como graças às preciosas contribuições de James O'Connor, Barry Commoner, John Bellamy Foster, Joel Kovel (EUA), Juan Martinez Allier, Francisco Fernandez Buey, Jorge Riechman (Espanha), Jean-Paul Déléage, Jean-Marie Harribey (França), Elmar Altvater, Frieder Otto Wolf (Alemanha), e de muitos outros, que se expressam numa rede de revistas, tais como *Capitalism, Nature and Socialism*, *Ecologia Política* etc.

Essa corrente está longe de ser politicamente homogênea, mas a maioria dos seus representantes partilha de alguns temas comuns. Em ruptura com a ideologia produtivista do progresso — na sua forma capitalista e/ou burocrática — e oposta à expansão ao infinito de um modo de produção e de consumo destruidor da natureza, tal corrente representa uma tentativa original de articular as ideias fundamentais do socialismo marxista com as aquisições da crítica ecológica.

James O'Connor define como ecossocialistas as teorias e os movimentos que aspiram a subordinar o valor de troca ao valor de uso, organizando a produção em função das necessidades sociais e das exigências da proteção do meio ambiente. O seu objetivo, um socialismo ecológico, seria uma sociedade ecologicamente racional fundada no controle democrático, na igualdade social, e na predominância do valor de uso.[5] Eu acrescentaria que tal sociedade supõe a propriedade coletiva dos meios de produção, um planejamento democrático que permita à sociedade definir os

---

5. O'Connor, J. *Natural causes*: essays in ecological marxism. Nova York: The Guilford Press, 1998. p. 278-331.

objetivos da produção e os investimentos, e uma nova estrutura tecnológica das forças produtivas.

O raciocínio ecossocialista repousa em dois argumentos essenciais:

1) O modo de produção e de consumo atual dos países capitalistas avançados, fundado numa lógica de acumulação ilimitada (do capital, dos lucros, das mercadorias), do esgotamento dos recursos, do consumo ostentatório, e da destruição acelerada do meio ambiente, não pode, de modo algum, ser expandido para o conjunto do planeta, sob pena de uma crise ecológica maior. Segundo cálculos recentes, se generalizássemos para o conjunto da população mundial o consumo médio de energia dos EUA, as reservas conhecidas de petróleo seriam esgotadas em *dezenove dias*.[6] Tal sistema, portanto, se fundamenta, necessariamente, na manutenção e no aumento da desigualdade gritante entre o Norte e o Sul.

2) Seja como for, a continuação do "progresso" capitalista e a expansão da civilização fundada na economia de mercado — mesmo sob essa forma brutalmente desigualitária — ameaça diretamente, a médio prazo (qualquer previsão seria arriscada), a própria sobrevivência da espécie humana. A preservação do meio ambiente natural é, portanto, um imperativo humanista.

A racionalidade limitada do mercado capitalista, com o seu cálculo imediatista de perdas e lucros, é intrinsecamente contraditória com uma racionalidade ecológica, que leve em conta a longa temporalidade dos ciclos naturais. Não se trata de opor os "maus" capitalistas ecocidas aos

---

6. Mies, M. "Liberación del consumo o politización de la vida cotidiana". In: *Mientras Tanto*, Barcelona, n. 48, p. 73, 1992.

"bons" capitalistas verdes: é o próprio sistema, fundado na impiedosa competição, nas exigências da rentabilidade, na corrida atrás do lucro rápido que é o destruidor dos equilíbrios naturais. O pretenso capitalismo verde não passa de uma manobra publicitária, de uma etiqueta que visa vender uma mercadoria, ou, na melhor das hipóteses, de uma iniciativa local equivalente a uma gota de água sobre o solo árido do deserto capitalista.

Contra o fetichismo da mercadoria e a autonomização reificada da economia pelo neoliberalismo, o jogo do futuro está, para os ecossocialistas, na implantação de uma "economia moral" no sentido que E. P. Thompson dava a essa expressão, ou seja, uma política econômica fundada em critérios não monetários e extraeconômicos: em outras palavras, a "reimbricação" do econômico no ecológico, no social e no político.[7]

As reformas parciais são de todo insuficientes: é preciso substituir a microrracionalidade do lucro por uma macrorracionalidade social e ecológica, o que exige uma verdadeira *mudança de civilização*.[8] Isso é impossível sem uma profunda reorientação *tecnológica*, que vise a substituição das atuais fontes de energia por outras, não poluentes e renováveis, tais como a energia eólica ou solar.[9] Portanto,

---

7. Cf. Bensaïd, D. *Marx l'intempestif*. Paris: Fayard, 1955, p. 385-386, 396; e Riechmann, J. *Problemas con los frenos de emergencia?* Madri: Editorial Revolución, 1991. p. 15.

8. Ver a esse respeito o notável ensaio de Riechmann, J. "El socialismo puede llegar solo en bicicleta". In: *Papeles de la Fondation de Investigaciones Marxistas*, Madri, n. 6, 1996.

9. Alguns marxistas já sonham com um "comunismo solar": ver Schwartzman, D. "Solar Communism". In: *Science and Society*. Special issue "Marxism and Ecology", v. 60, n. 3, outono de 1996.

a primeira questão que se coloca é a do controle dos meios de produção, e, sobretudo, das decisões de investimento e de mutação tecnológica, que devem ser arrancadas dos bancos e das empresas capitalistas para se tornar um bem comum da sociedade. Certamente, a mudança radical diz respeito não apenas à produção, mas também ao *consumo*. Todavia, o problema da civilização burguesa/industrial não é — como pretendem em geral os ecologistas — "o consumo excessivo" da população, e a solução não é a "limitação" geral do consumo, notadamente nos países capitalistas avançados. É o *tipo de consumo* atual, fundado na ostentação, no desperdício, na alienação mercantil, na obsessão acumuladora, que deve ser questionado.

Uma reorganização de conjunto do modo de produção e de consumo é necessária, fundada em critérios *exteriores ao mercado capitalista*: as necessidades reais da população (não necessariamente "pagáveis") e a preservação do meio ambiente. Em outras palavras, *uma economia de transição para o socialismo*, "re-inserida" (como diria Karl Polanyi) no meio ambiente social e natural, porque fundada na escolha democrática das prioridades e dos investimentos pela própria população — e não pelas "leis do mercado" ou por um politburo onisciente. Em outras palavras, um planejamento democrático local, nacional, e, cedo ou tarde, internacional, que defina: 1) quais produtos deverão ser subvencionados ou até mesmo distribuídos gratuitamente; 2) quais opções energéticas deverão ser seguidas, ainda que não sejam, num primeiro momento, as mais "rentáveis"; 3) como reorganizar o sistema de transportes, em função de critérios sociais e ecológicos; 4) quais medidas tomar para reparar, o mais rápido possível, os gigantescos estragos do meio ambiente deixados "como herança" pelo capitalismo. E assim sucessivamente...

Essa transição levaria não apenas a um novo modo de produção e a uma sociedade igualitária e democrática, mas também a um *modo de vida alternativo*, a uma *civilização nova*, ecossocialista, para além do reino do dinheiro, dos hábitos de consumo artificialmente induzidos pela publicidade, e da produção ao infinito de mercadorias nocivas ao meio ambiente (o carro individual!).

Utopia? No sentido etimológico ("lugar algum"), sem dúvida. Mas se não acreditamos, com Hegel, que "tudo o que é real é racional, e tudo o que é racional é real", como pensaremos numa racionalidade substancial sem apelarmos para utopias? A utopia é indispensável à mudança social, com a condição de que seja fundada nas contradições da realidade e nos movimentos sociais reais. É o caso do ecossocialismo, que propõe uma estratégia de aliança entre os "vermelhos" e os "verdes" — não no sentido político estreito dos partidos sociais-democratas e dos partidos verdes, mas no sentido amplo, ou seja, entre o movimento operário e o movimento ecológico — e de solidariedade para com os oprimidos e explorados do Sul.

Essa aliança implica que a ecologia renuncie às tentações do naturalismo anti-humanista e abandone a sua pretensão de substituir a crítica da economia política. Essa convergência implica, outrossim, que o marxismo se livre do produtivismo, substituindo o esquema mecanicista da oposição entre o desenvolvimento das forças produtivas e das relações de produção que o entravam pela ideia, muito mais fecunda, de uma transformação das forças potencialmente produtivas em forças efetivamente destrutivas.[10]

---

10. Bensaïd, D. *Marx l'intempestif*, p. 391-396.

3. Desenvolvimento das forças produtivas ou subversão do aparelho de produção?

Um certo marxismo clássico — que utiliza algumas passagens de Marx e Engels — parte da contradição entre forças e relações de produção, e define a revolução social como a supressão das relações de produção capitalistas, que se tornaram um obstáculo para o livre desenvolvimento das forças produtivas. Essa concepção parece considerar o aparelho produtivo "neutro", e o seu desenvolvimento ilimitado.

É preciso rejeitar essa perspectiva, de um ponto de vista ecossocialista, inspirando-se em algumas observações de Marx sobre a Comuna de Paris: os trabalhadores não podem apoderar-se do aparelho de Estado capitalista e pô-lo em funcionamento em benefício próprio. Devem "quebrá-lo" e substituí-lo por outro, de natureza totalmente distinta, uma forma não estatal e democrática de poder político.

O mesmo vale, *mutatis mutandis*, para o aparelho produtivo: por sua natureza e estrutura, ele não é neutro, mas está a serviço da acumulação do capital e da expansão ilimitada do mercado. Contradiz as exigências de preservação do meio ambiente e de saúde da força de trabalho. Portanto, faz-se necessário "revolucioná-lo", transformando radicalmente a sua natureza. Isso pode significar, para alguns ramos da produção — as centrais nucleares, por exemplo — "quebrar". De qualquer modo, as próprias forças produtivas devem ser profundamente modificadas.

Isso significa, antes de mais nada, uma revolução energética, a substituição das energias não renováveis e responsáveis pela poluição e envenenamento do meio ambiente

— carvão, petróleo e combustíveis nucleares — por energias "leves" e renováveis: água, vento, sol.

Mas é o conjunto do modo de produção e de consumo — fundado, por exemplo, no carro individual e em outros produtos desse tipo — que deve ser transformado, somado à supressão das relações de produção capitalistas e ao começo de uma transição para o socialismo. Está implícito que cada transformação do sistema produtivo ou dos transportes — substituição progressiva da estrada pelo trem — deve ser feita com a garantia do pleno emprego da força de trabalho.

Qual será o futuro das forças produtivas nessa transição para o socialismo — um processo histórico que não se conta em meses ou anos? Duas escolas se confrontam no cerne daquilo a que poderíamos chamar a esquerda ecológica:

I. A escola otimista, segundo a qual, graças ao processo tecnológico e às energias leves, o desenvolvimento das forças produtivas socialistas pode ter uma expansão ilimitada, que vise satisfazer "cada qual segundo as suas necessidades". Essa escola não leva em conta os limites naturais do planeta, e acaba por reproduzir, sob a etiqueta de "desenvolvimento durável", o modelo socialista antigo.

II. A escola pessimista, que, partindo desses limites naturais, considera que é preciso limitar, de forma draconiana, o crescimento demográfico e o nível de vida das populações. É preciso reduzir pela metade o consumo de energia, ao preço da renúncia às casas individuais, aos aquecedores etc. Como essas medidas são muito impopulares, essa escola acarinha, por vezes, o sonho de uma "ditadura ecológica esclarecida".

Parece-me que ambas as escolas partilham de uma concepção puramente *quantitativa* do desenvolvimento das forças produtivas. Há uma terceira posição, que me parece mais apropriada, cuja hipótese principal é a *mudança qualitativa* do desenvolvimento: pôr fim no monstruoso desperdício dos recursos pelo capitalismo, fundado na produção, em grande escala, de produtos inúteis ou nocivos: a indústria de armamentos é um exemplo evidente. Trata-se, portanto, de orientar a produção para a satisfação das necessidades autênticas, a começar por aquelas a que podemos chamar "bíblicas": água, comida, roupas, moradia.

Como distinguir as necessidades autênticas das artificiais e factícias? Estas últimas são induzidas pelo sistema de manipulação mental que se chama "publicidade". Peça indispensável para o funcionamento do mercado capitalista, a publicidade está votada a desaparecer numa sociedade de transição para o socialismo, para ser substituída pela informação fornecida pelas associações de consumidores. O critério para distinguir uma necessidade autêntica de uma artificial é a sua persistência após a supressão da publicidade... (Coca-cola!).

O carro individual, em contrapartida, responde a uma necessidade real, mas num projeto ecossocialista, fundado na abundância dos transportes públicos gratuitos, o carro individual terá um papel muito mais reduzido do que na sociedade burguesa, em que se tornou um fetiche mercantil, uma marca de prestígio, e o centro da vida social, cultural, esportiva e erótica dos indivíduos.

Certamente, responderão os pessimistas, porém os indivíduos são movidos por desejos e aspirações infinitas, que é preciso controlar e reprimir. Acontece que o ecossocialismo é fundado numa aposta, que já era a de Marx: a predominância, numa sociedade sem classes, do "ser" sobre o "ter", isto é, da realização pessoal, pelas atividades culturais, lúdicas, eróticas, esportivas, artísticas, políticas, em vez do desejo de acumulação ao infinito de bens e produtos. Esse desejo é induzido pela ideologia burguesa e pela publicidade, e nada indica que é uma "natureza humana eterna".

Isso não quer dizer que não haverá conflito entre as exigências da proteção do meio ambiente e as necessidades sociais, entre os imperativos ecológicos e as necessidades do desenvolvimento, notadamente nos países pobres. Cabe à democracia socialista, liberta dos imperativos do capital e do "mercado", resolver essas contradições.

4. Convergências no combate

A utopia revolucionária de um socialismo verde ou de um comunismo solar não significa que não devamos agir *desde agora*. Não ter ilusões sobre a possibilidade de "ecologizar" o capitalismo não quer dizer que não possamos empreender o combate pelas *reformas imediatas*. Por exemplo, algumas formas de ecotaxas podem ser úteis, com a condição de que sejam observadas por uma lógica social igualitária (fazer com que os poluidores paguem e não os consumidores) e de que nos libertemos do mito de um cálculo econômico do "preço de mercado" dos estragos ecológicos: são variáveis *incomensuráveis* do ponto de vista monetário. Temos, desesperadamente, necessidade de ganhar tempo, de lutar *imediatamente* pela interdição dos CFC (clorofluorcarbonetos) que destroem a camada de ozônio, por uma moratória sobre os transgênicos, por limitações severas das emissões de gases responsáveis pelo "efeito estufa!", pelo privilégio dos transportes públicos em relação ao carro individual poluente e antissocial.[11]

A armadilha que nos ameaça nesse terreno é ver as nossas reivindicações levadas formalmente em conta, porém esvaziadas do seu conteúdo. Um caso exemplar são os Acordos de Kioto sobre a mudança climática, que previam uma redução mínima de 5% em relação a 1990 — muitíssimo pouco para resultados realmente eficazes — na emissão dos gases responsáveis pelo aquecimento do planeta. Como sabemos, os EUA, principal potência responsável pela emissão dos gases, se recusam obstinadamente a assinar os Acordos; quanto à Europa, Japão e Canadá, eles assinaram os Acordos, mas acrescentando-lhes cláusulas — o célebre "mercado de direitos de emissão", ou o reconhecimento dos chamados "poços de carbono" — que reduzem enormemente o alcance, já limitado, dos Acordos. Em vez dos interesses a longo prazo da humanidade, predominaram aqueles, de curta visão, das multinacionais do petróleo e da indústria automobilística.[12]

O combate por reformas ecossociais pode ser portador de uma dinâmica de mudança, de "transição" entre as demandas mínimas e o programa máximo, com a condição de que se recusem os argumentos e as pressões dos interesses dominantes, em nome das "regras do mercado", da "competitividade" ou da "modernização".

---

11. Riechmann, J. "Necesitamos una reforma fiscal guiada por criterios igualitarios y ecologicos". In: *De la economia a la ecología*. Madri: Editorial Trotta, 1995. p. 82-85.

12. Ver a análise esclarecedora de Foster, J. B., "Ecology against Capitalism". In: *Monthly Review*, v. 53, n. 5, p. 12-14, out. 2001.

Algumas demandas imediatas já são, ou podem rapidamente se tornar, o ponto de convergência entre movimentos sociais e movimentos ecológicos, sindicatos e defensores do meio ambiente, "vermelhos" e "verdes":

— a promoção de transportes públicos — trens, metrôs, ônibus, bondes — baratos ou gratuitos como alternativas para o abafamento e a poluição das cidades e dos campos pelo carro individual e pelo sistema de transportes rodoviários;

— a luta contra o sistema da dívida e os "ajustes" ultraliberais impostos pelo FMI e pelo Banco Mundial aos países do Sul, com consequências sociais e ecológicas dramáticas: desemprego em massa, destruição das proteções sociais e das culturas de víveres, destruição dos recursos naturais para a exportação;

— defesa da saúde pública, contra a poluição do ar, da água (lençóis freáticos) ou dos alimentos pela avidez das grandes empresas capitalistas;

— a redução do tempo de trabalho como resposta ao desemprego e como visão da sociedade que privilegie o tempo livre em relação à acumulação de bens.[13]

Contudo, no combate por uma nova civilização, a um só tempo mais humana e que respeite mais a natureza, é o conjunto dos movimentos sociais emancipadores que é preciso associar. Como diz tão bem Jorge Riechmann:

---

13. Ver Rousset, P. "Convergence de combats. L'écologique et le social". In: *Rouge*, p. 8-9, 16 maio 1996.

Esse projeto não pode renunciar a nenhuma das cores do arco-íris: nem ao vermelho do movimento operário anticapitalista e igualitário, nem ao violeta das lutas para a libertação da mulher, nem ao branco dos movimentos não violentos para a paz, nem ao antiautoritarismo negro dos libertadores e anarquistas, e ainda menos ao verde da luta por uma humanidade justa e livre num planeta habitável.[14]

* * *

A ecologia social se tornou uma força social e política presente na maior parte dos países europeus, bem como, em certa medida, nos EUA. Porém, nada seria mais fácil do que considerar que as questões ecológicas só dizem respeito aos países do Norte — um luxo das sociedades ricas. Cada vez mais se desenvolvem nos países do capitalismo periférico — o "Sul" — *movimentos sociais de dimensão ecológica*.

Esses movimentos reagem a um agravamento crescente dos problemas ecológicos da Ásia, África e América Latina, em consequência de uma política deliberada de "exportação da poluição" pelos países imperialistas. Essa política tem, diga-se de passagem, uma "legitimação" econômica imbatível — do ponto de vista da economia capitalista de mercado — recentemente formulada por um eminente *expert* do Banco Mundial, Lawrence Summers: os pobres custam menos caro! Para citar as suas próprias palavras: "a medida dos custos da poluição nociva à saúde depende dos rendimentos perdidos por causa da morbidez e da mortalidade recrudescidas. Desse ponto de vista, uma

---

14. Riechmann. J. "El socialismo puede llegar solo en bicicleta", p. 57.

quantidade dada de poluição nociva à saúde deveria ser realizada no país com os mais baixos custos, isto é, no país com os salários mais baixos".[15] Uma formulação cínica que revela muito mais a lógica do capital global do que todos os discursos consoladores sobre o "desenvolvimento" produzidos pelas instituições financeiras internacionais.

Vemos, também, surgirem nos países do Sul um movimento a que J. Martinez-Alier chama "a ecologia do pobre" ou ainda "neo-narodnismo ecológico", isto é, mobilizações populares em defesa da agricultura campestre, e do acesso comunal aos recursos naturais, ameaçados de destruição pela expansão agressiva do mercado (ou do Estado), bem como lutas contra a degradação do ambiente imediato provocada pela troca desigual, pela industrialização dependente, pelas manipulações genéticas e pelo desenvolvimento do capitalismo (o "agro-business") nos campos. Em geral, tais movimentos não se definem como ecológicos, mas nem por isso o seu combate deixa de ter uma dimensão ecológica determinante.[16]

Está implícito que esses movimentos não se opõem às melhorias trazidas pelo progresso tecnológico: pelo contrário, a demanda de eletricidade, água corrente, canalização dos esgotos, e multiplicação aos ambulatórios médicos ocupa um lugar de destaque na sua plataforma de reivindicações. O que eles recusam é a poluição e a destruição do seu meio natural em nome das "leis de mercado" e dos imperativos da "expansão" capitalista.

---

15. Cf. "Let them eat pollution". In: *The Economist*, 8 fev. 1992.

16. Martinez-Alier, J. "Political Ecology, Distributional Conflicts, and Economic Incommensurability". In: *New Left Review*, n. 211, p. 83-84, maio/jun.1995.

Um texto recente do dirigente camponês peruano Hugo Blanco exprime notavelmente o significado dessa "ecologia dos pobres":

> À primeira vista, os defensores do meio ambiente ou os conservacionistas surgem como pessoas gentis, ligeiramente loucas, cujo principal objetivo na vida é impedir o desaparecimento das baleias azuis ou dos ursos pandas. O povo comum tem coisas mais importantes com que ocupar-se, a exemplo de como obter o pão de cada dia. [...] Entretanto, existem no Peru muitas pessoas que são defensoras do meio ambiente. É claro que se lhes disserem "vocês são ecologistas", provavelmente responderão "ecologista é a sua mãe!" [...] E no entanto: não são os habitantes da cidade Ilo e dos vilarejos circunvizinhos, em luta contra a poluição provocada pela Southern Peru Copper Corporation, defensores do meio ambiente? [...] E não é a população da Amazônia totalmente ecologista, pronta para morrer para defender as suas florestas contra a depredação? Da mesma forma que a população de Lima, quando protesta contra a poluição das águas.[17]

Hoje, no início do século XXI, a ecologia social se tornou um dos ingredientes mais importantes do vasto movimento contra a globalização capitalista neoliberal que está em processo de desenvolvimento, tanto no Norte quanto no Sul do planeta. A presença maciça dos ecologistas foi uma das características chocantes da grande manifestação de Seattle contra a Organização Mundial do Comércio em 1999. E no Fórum Social Mundial de Porto Alegre em 2001, um dos atos simbólicos fortes do evento foi a operação,

---

17. Artigo no jornal *La Republica,* Lima, 6 de abril de 1991 (citado por Martinez--Alier. Ibid., p. 74).

levada a cabo pelos militantes do Movimento dos Sem Terra brasileiros (MST) e pela Confederação Camponesa francesa de José Bové, de arrancar uma plantação de milho transgênico da multinacional Monsanto. O combate contra a multiplicação descontrolada dos transgênicos mobiliza, no Brasil, na França e em outros países, não apenas o movimento ecológico, mas também o movimento camponês, e uma parte da esquerda, com a simpatia da opinião pública, preocupada com as consequências imprevisíveis das manipulações transgênicas sobre a saúde pública e sobre o meio ambiente natural. Luta contra a mercantilização do mundo e defesa do meio ambiente, resistência à ditadura das multinacionais e combate pela ecologia estão intimamente ligados na reflexão e na prática do movimento mundial contra a mundialização capitalista/liberal.

4

Por uma ética ecossocialista*

O capital é uma formidável máquina de reificação. Desde a *Grande Transformação* de que fala Karl Polanyi, isto é, desde que a economia capitalista de mercado se autonomizou, desde que ela, por assim dizer, se "desinseriu" da sociedade, ela funciona unicamente segundo as suas próprias leis, as leis impessoais do lucro e da acumulação. Supõe, ressalta Polanyi, "ingenuamente a transformação da substância natural e humana da sociedade em mercadorias", graças a um dispositivo, o mercado autorregulador, que tende, inevitavelmente, a "quebrar as relações humanas e a [...] aniquilar o hábitat natural do homem". Trata-se de um sistema impiedoso, que lança os indivíduos das camadas desfavorecidas "sob as rodas mortíferas do progresso, esse carro de Juguernaut".[1]

Max Weber já havia admiravelmente capitado a lógica "coisificada" do capital na sua grande obra *Economia e Socie-*

---

* Traduzido por Renata Cordeiro.

1. Polanyi, K. *La grande transformation. Aux origines politiques et économiques de notre temps.* Paris: Gallimard, 1983. p. 70.

dade: "A reificação (*Versachlichung*) da economia fundada na base da socialização do mercado segue totalmente a sua própria legalidade objetiva (*sachlichen*). O universo reificado (*versachlichte Kosmos*) do capitalismo não deixa espaço algum para uma orientação caritativa..." Weber daí deduz que a economia capitalista é estruturalmente incompatível com critérios éticos: "Em contraste com qualquer outra forma de dominação econômica do capital, devido ao seu 'caráter impessoal', não poderia ser eticamente regulamentada. [...] A competição, o mercado, o mercado de trabalho, o mercado monetário, o mercado das mercadorias, numa palavra, considerações 'objetivas', nem éticas, nem antiéticas, mas simplesmente não éticas... ordenam o comportamento no ponto decisivo e introduzem instâncias impessoais entre os seres humanos referidos".[2] No seu estilo neutro e não engajado, Weber pôs o dedo no essencial: o capital é intrinsecamente, pela sua essência, "não ético".

Na raiz dessa incompatibilidade, encontramos o fenômeno da *quantificação*. Inspirado pela *Rechenhaftigkeit* — o espírito de cálculo racional de que fala Weber — o capital é uma formidável máquina de quantificação. Só reconhece o cálculo das perdas e dos lucros, as cifras da produção, a medida dos preços, dos custos e dos ganhos. Submete a economia, a sociedade e a vida humana à dominação do valor de troca da mercadoria, e da sua mais abstrata expressão, o dinheiro. Esses valores quantitativos, que se medem em 10, 100, 1.000 ou 1.000.000, não conhecem nem o justo, nem o injusto, nem o bem, nem o mal:

---

2. Weber, M. *Wirtschaft und Gesellschaft*. Tübingen: JCB Mohr, 1923. p. 305, 708-709.

dissolvem e destroem os valores qualitativos, e, em primeiro lugar, os valores éticos. Entre os dois, há a "antipatia", no sentido antigo, alquímico, do termo: falta de afinidade entre duas substâncias.

Hoje, esse reinado total — na verdade, totalitário — do valor mercantil, do valor quantitativo, do dinheiro, das finanças capitalistas, atingiu um grau sem precedentes na história humana. Porém, a lógica do sistema já havia sido captada por um crítico lúcido do capitalismo, em 1847: "Chegou, enfim, um tempo em que tudo o que os homens haviam considerado inalienável se tornou objeto de troca, de tráfico e podia alienar-se. O tempo em que as próprias coisas que até então eram comunicadas, mas jamais trocadas; dadas, mas jamais vendidas; adquiridas, mas jamais compradas — virtude, amor, opinião, ciência, consciência etc. — em que tudo passou para o comércio. O tempo da corrupção geral, da venalidade universal ou, para falar em termos de economia política, o tempo em que qualquer coisa, moral ou física, uma vez tornada valor venal, é levada ao mercado para ser apreciada no seu mais justo valor".[3]

As primeiras reações, não apenas operárias, mas também camponesas e populares contra a mercantilização capitalista ocorreram em nome de alguns valores sociais, de algumas necessidades sociais consideradas mais legítimas do que a economia política do capital. Estudando esses movimentos de massa, greves de fome e revoltas do século XVIII inglês, o historiador E. P. Thompson fala do confronto entre a "economia moral" da plebe e a economia capitalista de mercado (que tem em Adam Smith o seu primeiro

---

3. Marx, K. *Misère de la Philosophie*. Paris: Ed. Sociales, 1947. p. 33.

grande teórico). As greves de fome (em que as mulheres desempenhavam o papel principal) eram uma forma de resistência ao mercado — em nome da antiga "economia moral" das normas comunitárias tradicionais — que não deixavam de ter a sua racionalidade e que, a longo prazo, provavelmente salvaram as camadas populares da fome.[4]

O socialismo moderno é herdeiro desse protesto social, dessa "economia moral". Quer fundar a produção não mais em critérios do mercado e do capital — a "demanda pagável", a rentabilidade, o lucro, a acumulação — mas na satisfação das necessidades sociais, o "bem comum", a justiça social. Trata-se de valores qualitativos, irredutíveis à quantificação mercantil e monetária. Recusando o produtivismo, Marx insistia na prioridade do ser dos indivíduos — a plena realização das suas potencialidades humanas — em relação ao ter, a posse de bens. Para ele, a primeira necessidade social, a mais imperativa, e a que abria as portas do "Reino da Liberdade" era o tempo livre, a redução da jornada de trabalho, o desenvolvimento dos indivíduos no jogo, no estudo, na atividade cidadã, na criação artística, no amor.

Entre essas necessidades sociais, há uma que toma uma importância cada vez mais decisiva hoje — e que Marx não havia levado suficientemente em consideração (exceto em algumas passagens isoladas) na sua obra: a necessidade de preservar o meio ambiente natural, a necessidade de um ar respirável, de uma água potável, de uma alimentação livre de venenos químicos ou de radiações nucleares. Uma necessidade que se identifica, tendencialmente, com o

---

4. Thompson, E. P. "Moral Economy Reviewed". In: *Customs in Common*. Londres: Merlin Press, 1991. p. 267-68.

próprio imperativo de sobrevivência da espécie humana neste planeta, cujo equilíbrio ecológico está seriamente ameaçado pelas consequências catastróficas — efeito estufa, destruição da camada de ozônio, perigo nuclear — da expansão ao infinito do produtivismo capitalista.

O socialismo e a ecologia partilham, portanto, dos valores sociais qualitativos, irredutíveis ao mercado. Partilham, igualmente, de uma revolta contra "A Grande Transformação", contra a autonomização reificada da economia em relação às sociedades, e de um desejo de "re-inserir" a economia num meio ambiente social e natural.[5] Mas essa convergência só é possível com a condição de que os marxistas submetam a uma análise crítica a sua concepção tradicional das "forças produtivas" — voltaremos a esse ponto — e de que os ecologistas acabem com a ilusão de uma "economia de mercado" limpa. Essa dupla operação é a obra de uma corrente, o ecossocialismo, que conseguiu fazer a síntese dos dois processos.

Quais poderiam ser os principais elementos de uma ética ecossocialista, que se oponha radicalmente à lógica destruidora e fundamentalmente "não ética" (Weber) da rentabilidade capitalista e do mercado total — esse sistema da "venalidade universal" (Marx)? Adianto aqui algumas hipóteses, alguns pontos de partida para a discussão.

Antes de mais nada, trata-se, parece-me, de uma *ética social*: não é uma ética dos comportamentos individuais, não visa culpabilizar as pessoas, promover o ascetismo, ou a autolimitação. Com certeza, é importante que os indivíduos sejam educados para respeitar o meio ambiente e

---

5. Cf. Bensaïd, D. *Marx l'intempestif,* p. 385-86, 396.

recusar o desperdício, mas o verdadeiro jogo se joga noutra parte: na mudança das estruturas econômicas e sociais capitalistas/comerciais, no estabelecimento de um novo paradigma de produção e distribuição, fundado, como vimos anteriormente, em levar em conta as necessidades sociais — notadamente a necessidade vital de viver num meio ambiente natural não degradado. Uma mudança que exige atores sociais, movimentos sociais, organizações ecológicas, partidos políticos, e não apenas indivíduos de boa vontade.

A crise ecológica, ao ameaçar o equilíbrio natural do meio ambiente, põe em perigo não apenas a fauna e a flora, mas também, e sobretudo, a saúde, as condições de vida, a própria sobrevivência da nossa espécie. Portanto, não há necessidade alguma de ir guerrear contra o humanismo ou "o antropocentrismo" para ver na defesa da biodiversidade ou das espécies animais em vias de extinção uma exigência ética e política. O combate para salvar o meio ambiente, que é necessariamente o combate por uma mudança de civilização, é um imperativo humanista, que diz respeito não apenas a esta ou àquela classe social, mas ao conjunto dos indivíduos.

Esse imperativo concerne às gerações futuras, ameaçadas de receber como herança um planeta que se tornou inabitável, onde é impossível viver, devido à acumulação cada vez mais descontrolada dos estragos causados ao meio ambiente. Mas o discurso que fundava a ética ecológica fundamentalmente nesse perigo futuro está hoje ultrapassado. Trata-se de uma questão muito mais urgente, que diz respeito diretamente às gerações atuais: os indivíduos que vivem no começo do século XXI *já* conhecem as consequências dramáticas da destruição e do envenenamento capitalista da biosfera, e correm o risco de se defrontar — pelo menos no que diz respeito aos jovens — em vinte ou trinta anos com verdadeiras catástrofes.

Trata-se também de uma *ética igualitária*: o modo de produção e de consumo atual dos países capitalistas avançados, fundado numa lógica de acumulação ilimitada (do capital, dos lucros, das mercadorias), de desperdício dos recursos, de consumo ostentatório, e de destruição acelerada do meio ambiente, não pode de modo algum ser expandido para o conjunto do planeta, sob pena de crise ecológica maior. Portanto, esse sistema é, necessariamente, fundado na manutenção e no agravamento da desigualdade gritante entre o Norte e o Sul. O projeto ecossocialista visa uma redistribuição planetária da riqueza, e um desenvolvimento em comum dos recursos, graças a um novo paradigma produtivo.

A exigência ético-social de satisfação das necessidades sociais só tem sentido num espírito de justiça social, de igualdade — o que não quer dizer homogeneização — e de *solidariedade*. Implica, em última análise, na apropriação coletiva dos meios de produção e na distribuição dos bens e dos serviços "a cada qual segundo as suas necessidades". Nada tem em comum com a pretensa "equidade" liberal, que quer justificar as desigualdades sociais na medida em que elas estariam "ligadas a funções abertas a todos em condições de igualdade equitativa de oportunidades" (Rawls)[6] — o argumento clássico dos defensores da "livre competição" econômica e social.

O ecossocialismo implica também numa *ética democrática*: enquanto as decisões econômicas e as escolhas

---

6. Rawls, J. *Libéralisme politique*. Paris: PUF, 1995. p. 29-30.

produtivas ficarem nas mãos de uma oligarquia de capitalistas, banqueiros e tecnocratas — ou no desaparecido sistema das economias estatizadas, de uma burocracia que escapa a todo e qualquer controle democrático — jamais sairemos do ciclo infernal do produtivismo, da exploração dos trabalhadores e da destruição do meio ambiente. A democratização econômica — que implica na socialização das forças produtivas — significa que as grandes decisões sobre a produção e a distribuição não são tomadas pelos "mercados" ou por um *politburo*, mas pela própria sociedade, após um debate democrático e pluralista, em que se oponham propostas e opções diferentes. É a condição necessária para a introdução de uma outra lógica socioeconômica, e para uma outra relação com a natureza.

O ecossocialismo é uma *ética radical*, no sentido etimológico da palavra: uma ética que se propõe ir à raiz do mal. As meias-medidas, as semirreformas, as conferências do Rio, os mercados de direito de poluição são incapazes de dar uma solução. É necessária uma mudança radical de paradigma, um novo modelo de civilização, em resumo, uma transformação revolucionária.

Essa revolução se refere às relações de produção — a propriedade privada, a divisão do trabalho — mas também às forças produtivas. Contra uma certa vulgata marxista — que pode apoiar-se em alguns textos do fundador — que concebe a mudança unicamente como supressão — no sentido da *Aufhebung* hegeliana — de relações sociais capitalistas, "obstáculos ao livre desenvolvimento das forças produtivas", é preciso questionar a própria estrutura do processo de produção.

Enfim, o ecossocialismo é uma ética *responsável*. Na sua célebre obra, *O Princípio Responsabilidade* (1979), o filósofo

Hans Jonas pôs em evidência as ameaças que a destruição do meio ambiente pela tecnologia moderna apresenta para as gerações futuras. Desde a publicação do seu livro, a crise ecológica se tem infinitamente agravado, e a ameaça de uma catástrofe no meio ambiente de proporções imprevisíveis se perfila no horizonte das próximas décadas. Não se trata mais apenas de responsabilidade para com as gerações futuras, como pensava Jonas, mas na verdade para com a nossa própria geração. As perturbações climáticas resultantes do efeito estufa — só para mencionar esse exemplo — já se fazem sentir e correm o risco, num futuro próximo, de ter consequências dramáticas para o conjunto da humanidade. O "Princípio Responsabilidade", para ter um significado ético verdadeiro, não pode referir-se unicamente "à natureza" como abstração, mas antes ao meio ambiente natural da vida humana: o antropocentrismo é aqui sinônimo de humanismo.

Hans Jonas opõe o seu "Princípio Responsabilidade" ao "Princípio Esperança" de Ernst Bloch e às ideias utópicas do socialismo. É verdade que as utopias econômicas fundadas no Princípio Expansão — desenvolvimento ilimitado da produção, crescimento infinito do consumo — são, desse ponto de vista, eticamente "irresponsáveis", porque contraditórios com o equilíbrio ecológico do planeta. Mas isso não se aplica ao "Princípio Esperança" em si, essa aspiração utópica milenar a uma sociedade livre e igualitária, que Ernst Bloch descreve tão bem no seu livro.[7]

Como imaginar uma solução verdadeira, isto é, *radical*, para o problema da crise ecológica, sem mudar, do vinho

---

7. Bloch, E. *Le Principe Espérance*. Paris: Gallimard, três volumes, 1976 a 1984.

para a água, o modo atual de produção e de consumo, gerador de desigualdades gritantes e de estragos catastróficos? Como impedir a degradação crescente do meio ambiente sem romper com uma lógica econômica que só conhece a lei do mercado, do lucro e da acumulação? Quer dizer, sem um projeto *utópico* de transformação social, que submeta a produção a critérios extraeconômicos, democraticamente escolhidos pela sociedade? E como imaginar semelhante projeto sem integrar, como um dos seus principais eixos, uma nova atitude em relação à natureza, respeitosa do meio ambiente? O "Princípio Responsabilidade" é incompatível com um conservacionismo tremente, que se recusa a questionar o sistema econômico atual, e que qualifica de "irrealista" qualquer busca por uma alternativa.

Contrariamente ao que parece sugerir Hans Jonas, não há necessariamente contradição entre o "Princípio Esperança", tal como Bloch o formula, e o "Princípio Responsabilidade", no sentido de uma preservação do meio ambiente para gerações futuras. Longe de serem contraditórios, ambos os princípios estão, portanto, estreitamente ligados, inseparáveis, são mutuamente dependentes, dialeticamente complementares. Sem o "Princípio Responsabilidade", a utopia só pode ser destrutiva, e sem o "Princípio Esperança", a responsabilidade não passa de uma ilusão conformista.

5

Ecossocialismo e planejamento democrático*

Se for impossível aplicar reformas no capitalismo a fim de colocar os benefícios a serviço da sobrevivência humana, que outra alternativa existe senão optar por um gênero de economia planificada no nível nacional e internacional? Problemas como a mudança climática necessitam da "mão visível" do planejamento direto [...] No seio do capitalismo nossos dirigentes corporativistas não podem de maneira alguma evitar, sistematicamente, tomadas de decisão sobre o meio ambiente e a economia que são errôneas, irracionais e, finalmente, suicidas em nível mundial dada a tecnologia que eles têm à sua disposição. Então, que outra escolha nós temos senão vislumbrar uma verdadeira alternativa ecossocialista?

Richard Smith[1]

O ecossocialismo tem como objetivo fornecer uma alternativa de civilização radical àquilo que Marx chamava

---

* Artigo publicado em *Socialist Register*, 2007. Tradução de Sofia Boito. Revisão de Isabel Loureiro. Texto autorizado para esta edição por *Crítica Marxista*, n. 28, p. 35-50, 2009.

1. R. Smith. "The engine of ecocollapse". In: *Capitalism, Nature and Socialism*, v. 16, n. 4, p. 35, 2005.

de "o progresso destrutivo" do capitalismo.² É uma escolha que propõe uma política econômica visando às necessidades sociais e ao equilíbrio ecológico e, portanto, fundada em critérios não monetários e extraeconômicos. Os argumentos essenciais que o sustentam têm suas origens no movimento ecológico, assim como na crítica marxista à economia política. Essa síntese dialética — vislumbrada por um grande espectro de autores, de André Gorz a Elmar Altvater, James O'Connor, Joel Kovel e John Bellamy Foster — é ao mesmo tempo uma crítica à "ecologia de mercado" que se adapta ao sistema capitalista e ao "socialismo produtivista" que fica indiferente à questão dos limites da natureza.

Segundo O'Connor, a meta do socialismo ecológico é uma nova sociedade fundada na racionalidade ecológica, no controle democrático, na igualdade social e na supremacia do valor de uso sobre o valor de troca.³ Eu adicionaria as condições seguintes a fim de alcançar esses objetivos: a) a propriedade coletiva dos meios de produção (o termo "coletivo" aqui significa propriedade pública, comunitária ou cooperativa), b) um planejamento democrático que possa permitir à sociedade a possibilidade de definir seus objetivos no que concerne ao investimento e à produção e c) uma nova estrutura tecnológica das forças produtivas. Colocando de outra forma, uma transformação revolucionária em nível social e econômico.⁴

---

2. Ibidem.

3. J. O'Connor. *Natural Causes. Essays in ecological marxism*. New York: The Guilford Press, 1998. p. 278, 331.

4. John Bellamy Foster emprega o conceito de "revolução ecológica", mas explica: "Uma revolução ecológica em escala planetária, digna desse nome, só pode ter lugar no quadro de uma revolução social — e eu reitero, socialista — mais

Segundo os ecossocialistas, o problema das principais correntes da ecologia política, cujos representantes são os partidos verdes, é que estas não parecem levar em consideração a contradição intrínseca que existe entre a dinâmica capitalista — fundada sobre a expansão ilimitada do capital e a acumulação dos lucros — e a preservação do meio ambiente. O resultado disso é uma crítica ao produtivismo, muitas vezes pertinente, mas que não vai muito além das reformas ecológicas derivadas da "economia de mercado". Consequentemente, os governos de centro-esquerda privilegiam as políticas socioliberais e se justificam, em matéria de ecologia, graças aos partidos verdes.[5] Por outro lado, o problema das tendências dominantes da esquerda durante o século XX — a social-democracia e o movimento comunista de inspiração soviética — é que estas aceitavam o modelo de produção existente. Enquanto a primeira se limitava a uma versão reformada — no melhor dos casos keynesiana — do sistema capitalista, o segundo desenvolvia uma forma de produtivismo autoritária e coletivista — ou capitalismo de Estado. Nos dois casos os investimentos ambientais eram negligenciados ou, no mínimo, marginalizados.

Marx e Engels, eles próprios, tinham consciência das consequências destrutivas do modo de produção capitalista

---

ampla. Uma tal revolução... necessitaria, como Marx sublinhava, que a associação dos produtores pudesse regular racionalmente a relação metabólica entre o homem e a natureza... Ela deve ter se inspirado nas ideias de William Morris, um dos mais originais ecologistas dos herdeiros de Karl Marx, nas de Gandhi e de outras figuras radicais, revolucionárias e materialistas, entre os quais o próprio Marx, chegando até Epicuro" (Foster, J. B. Organizing ecological revolution. In: *Monthly Review*, v. 57, n. 5, 2005, p. 9-10).

5. Ver o cap. VII de *The enemy of nature*, de Joel Kovel, para uma crítica ecossocialista da "ecopolítica realmente existente" — a economia verde, a ecologia radical, o biorregionalismo etc.

sobre o meio ambiente, como indicam diversos trechos de *O capital*.[6] E ainda estimavam que o objetivo do socialismo não era produzir cada vez mais bens, mas sim dar aos seres humanos o tempo livre para que pudessem desenvolver plenamente seu potencial. Nesse sentido, pouco compartilham da ideia de "produtivismo", isto é, da ideia de que a expansão ilimitada da produção é um fim em si mesmo.

No entanto, alguns de seus escritos, nos quais a questão consiste na capacidade de o socialismo permitir o desenvolvimento das forças produtivas para além dos limites impostos pelo sistema capitalista, sugerem que a transformação socialista não concerne apenas às relações capitalistas de produção, as quais se teriam tornado um obstáculo (o termo empregado mais frequentemente é "amarras") ao livre desenvolvimento das forças produtivas. "Socialismo" queria dizer, sobretudo, apropriação social dessas capacidades produtivas, colocando-as a serviço dos trabalhadores. Eis aqui, por exemplo, uma passagem do *Anti-Dühring* de Friedrich Engels, um texto "canônico" para um grande número de gerações marxistas: sob o regime socialista "a sociedade toma posse abertamente e sem rodeios das forças produtivas que se tornaram grandes demais" no sistema existente.[7]

A ideologia do progresso

O caso da União Soviética ilustra os problemas que decorrem de uma apropriação coletivista do aparelho pro-

---

6. Ver Foster, J. B. Marx's ecology. Materialism and nature. In: *Monthly Review Press*, New York, 2000.

7. Engels, F. *Anti-Dühring*. Paris: Éditions Sociales, 1950. p. 318.

dutivo capitalista. A tese da socialização das forças produtivas existentes predominou desde o começo. Certamente, o movimento ecológico pôde se desenvolver durante os primeiros anos que se sucederam à Revolução Socialista de Outubro e o governo soviético adotou algumas medidas limitadas de proteção ambiental, mas com o processo de burocratização stalinista, a aplicação dos métodos produtivistas, tanto na agricultura quanto na indústria, foi imposta por meios totalitários, enquanto os ecologistas eram marginalizados ou eliminados. A catástrofe de Chernobyl é o exemplo final das consequências desastrosas da imitação das tecnologias ocidentais de produção. Se a mudança das formas de propriedade não for seguida por uma gestão democrática e uma reorganização ecológica do sistema de produção, tudo isso levará a um impasse.

Nos escritos de alguns dissidentes marxistas da década de 1930, como Walter Benjamin, já aparecia uma crítica à ideologia produtivista do "progresso" assim como à ideia de uma exploração "socialista" da natureza. Todavia, é sobretudo ao longo dos últimos decênios que o ecossocialismo propriamente dito se desenvolveu como desafio à tese da neutralidade das forças produtivas que tinha predominado no seio das principais tendências da esquerda durante o século XX.

Os ecossocialistas deviam se inspirar nas observações feitas por Marx a respeito da Comuna de Paris: os trabalhadores não podem tomar posse do aparelho capitalista de Estado e colocá-lo a seu serviço. Eles devem demoli-lo e substituí-lo por uma forma de poder político radicalmente diferente, democrático e não estático. A mesma ideia se aplica, *mutatis mutandis*, ao aparelho produtivo que, longe de ser "neutro", traz em sua estrutura a marca de um desenvolvimento que favorece a acumulação do capital e a expansão ilimitada do mercado, o que o coloca em contradição com a necessidade de proteger o meio ambiente e a saúde da população. É por isso que devemos levar a cabo uma "revolução" do aparelho produtivo no panorama de um processo de transformação radical.

O grande valor dos avanços científicos e tecnológicos da era moderna é incontestável, mas o sistema produtivo deve ser transformado em seu conjunto e isso só é possível graças a procedimentos ecossocialistas, isto é, graças à criação de um planejamento democrático da economia que leve em conta a preservação dos equilíbrios ecológicos. O que pode desencadear a supressão de alguns ramos de produção como as centrais nucleares, algumas técnicas de pesca intensiva e industrial (responsáveis pela quase extinção de numerosas espécies marinhas), o desmatamento das áreas de floresta tropical etc. A lista é muito longa. Entretanto, a prioridade continua sendo a revolução do sistema energético que devia conduzir à substituição das fontes atuais (sobretudo a energia fóssil), responsáveis pela mudança climática e pelo envenenamento do meio ambiente, por fontes energéticas renováveis: a água, o vento, o sol. A questão da energia é capital já que a energia fóssil é responsável pela maior parte da poluição do planeta e pelo desastre que representa o aquecimento global. A energia nuclear é uma falsa alternativa, não só em razão do risco de novos Chernobyl, mas também porque ninguém sabe o que fazer com os milhares de toneladas de resíduos radioativos — e com grande quantidade de centrais poluídas que se tornaram inúteis. Negligenciada desde sempre pelas sociedades capitalistas (por sua falta de "rentabilidade" ou de "competitividade"), a energia solar deve se tornar objeto de pesquisas e de desenvolvimento de ponta. Deve ter um papel central na construção de um sistema energético alternativo.

Planejamento democrático

A condição necessária para alcançar esses objetivos é o pleno emprego equitativo (*plein-emploi équitable*). Essa condição é indispensável não somente para responder às exigências da justiça social, mas também para assegurar o apoio da classe operária, sem o qual o processo de transformação estrutural das forças produtivas não pode ser efetuado. O controle público dos meios de produção e um planejamento democrático são igualmente indispensáveis, isto é, decisões de ordem pública referentes ao investimento e à mudança tecnológica devem ser retiradas das mãos dos bancos e das empresas capitalistas, se quisermos que sirvam ao bem comum da sociedade.

No entanto, não basta colocar as decisões nas mãos dos trabalhadores. Em *O capital*, livro III, Marx define o socialismo como uma sociedade na qual "os produtores associados regulam racionalmente suas trocas (*Stoffwechsel*) com a natureza". Entretanto, no primeiro livro d'*O capital*, deparamos com uma definição mais ampla: o socialismo é concebido como "uma associação de seres humanos (*Menschen*) livres que trabalham com meios comuns (*gemeinschaftlichen*) de produção".[8] Trata-se de uma concepção muito mais apro-

---

8. K. Marx. *Das Kapital*, Berlin, v. 3; Dietz Verlag, 1968, p. 828 e v. 1, p. 92. Encontramos uma problemática semelhante no marxismo contemporâneo. Ernest Mandel, por exemplo, defendia um "planejamento centralista mais democrático sob a autoridade de um congresso nacional constituído por diversos conselhos de

priada: a produção e o consumo devem ser organizados racionalmente não somente pelos "produtores", mas também pelos consumidores e, de fato, pelo conjunto da sociedade, seja a população produtiva ou "não produtiva": estudantes, jovens, mulheres e homens que se dedicam aos trabalhos domésticos, aposentados etc.

Nesse sentido, o conjunto da sociedade será livre para escolher democraticamente as linhas produtivas que serão privilegiadas e o nível de recursos que devem ser investidos na educação, na saúde ou na cultura.[9] Os próprios preços dos bens de consumo não responderiam mais à lei da oferta e da procura, mas seriam determinados o quanto possível segundo os critérios sociais, políticos e ecológicos. No início, seriam aplicados apenas impostos sobre certos produtos e subvenções para outros, mas idealmente cada vez mais produtos e serviços seriam distribuídos de modo gratuito segundo a vontade dos cidadãos.

Longe de ser "despótico" em si, o planejamento democrático é o exercício da liberdade de decisão do conjunto

---

trabalhadores cujos membros seriam em grande parte trabalhadores reais." (E. Mandel. "Economics of transition period". In: E. Mandel (Org.). *50 years of world revolution*. New York: Pathfinder Press, 1971. p. 286. Em escritos mais recentes, ele faz preferencialmente referência aos "produtores e consumidores". Seremos levados a citar alguns trechos dos escritos de Ernest Mandel, pois ele é o mais esclarecido teórico socialista do planejamento democrático. Entretanto, devemos mencionar que ele não havia incluído o tema da ecologia como um aspecto central de seus argumentos referentes à economia.

9. Ernest Mandel definia o planejamento da seguinte maneira: "Uma economia planificada significa (...) para os recursos relativamente raros na sociedade, que eles não sejam repartidos cegamente (sem que o produtor consumidor se dê conta) pela ação da lei do valor, mas que eles sejam conscientemente atribuídos segundo as prioridades estabelecidas previamente. Em uma economia de transição, onde a economia socialista reina, o conjunto de trabalhadores determina democraticamente a escolha dessas prioridades" (E. Mandel. Op. cit., p. 282).

da sociedade. Um exercício necessário para se libertar de "leis econômicas" e de "jaulas de ferro" alienantes e reificadas no seio das estruturas capitalistas e burocráticas. O planejamento democrático associado à redução do tempo de trabalho seria um progresso considerável da humanidade em direção ao que Marx chamava de "o reino da liberdade": o aumento do tempo livre é na realidade uma condição para a participação dos trabalhadores na discussão democrática e na gestão da economia, assim como da sociedade.

Os partidários do livre mercado fazem referência ao fracasso do planejamento soviético para justificar sua oposição categórica a toda forma econômica organizada. Sabemos, sem entrar numa discussão sobre as conquistas e os fracassos do exemplo soviético, que se tratava evidentemente de uma forma de "ditadura sobre as necessidades", para citar a expressão empregada por György Markus e seus colegas da Escola de Budapeste: um sistema não democrático e autoritário que dava o monopólio das decisões a uma oligarquia restrita de tecnoburocratas. Não foi o planejamento que levou à ditadura. Foi a limitação crescente da democracia no seio do Estado soviético e a instauração de um poder burocrático totalitário, depois da morte de Lenin, que deram lugar a um sistema de planejamento cada vez mais autoritário e não democrático. Se é verdade que o socialismo é definido pelo controle dos processos de produção pelos trabalhadores e a população em geral, a União Soviética sob Stalin e seus sucessores estava muito longe de corresponder a essa definição.

O fracasso da URSS ilustra os limites e as contradições de um planejamento burocrático cuja ineficácia e caráter arbitrário são flagrantes: não pode servir de argumento contra a aplicação de um planejamento realmente democrático.[10] A concepção socialista do planejamento não é nada mais que a democratização radical da economia: se é certo que as decisões políticas não devem caber a uma pequena elite de dirigentes, por que não aplicar o mesmo princípio às decisões de ordem econômica? A questão do equilíbrio entre os mecanismos do mercado e os do planejamento é sem dúvida um problema complexo: durante as primeiras fases da nova sociedade, os mercados ainda ocuparão, certamente, um lugar importante, mas, à medida que progredir a transição para o socialismo, o planejamento se tornará cada vez mais importante por ser oposto à lei do valor de troca.[11]

Engels insistia no fato de que uma sociedade socialista

> terá que adaptar o plano de produção aos meios de produção, dos quais fazem parte especialmente as forças de trabalho. No fim das contas serão os efeitos úteis de diversos objetos de uso, comparados entre si e em relação à

---

10. "Do ponto de vista da massa salarial, os sacrifícios impostos pela burocracia arbitrária não são nem mais nem menos 'aceitáveis' do que aqueles que são impostos pelos mecanismos do mercado. Os dois tipos de sacrifícios são apenas duas formas diferentes de alienação" (Ibidem, p. 285).

11. Em seu notável livro lançado recentemente sobre o socialismo, o economista marxista argentino Claudio Katz sublinha que o planejamento democrático supervisionado a partir dos níveis locais pela maioria da população "difere conforme se trata de uma centralização absoluta, de uma estatização absoluta, de um comunismo de guerra ou de uma economia planificada. A supremacia do planejamento sobre o mercado é necessária para a transição, mas não seria necessário suprimir as variáveis do mercado. A associação das duas instâncias deveria ser adaptada a cada situação e a cada país." Entretanto, "o objetivo do processo socialista não é manter um equilíbrio imobilizado entre o plano e o mercado, mas promover uma supressão progressiva do lugar do mercado" (Katz, C. *El porvenir del Socialismo*. Buenos Aires: Herramienta/Imago Mundi, 2004. p. 47-8).

quantidade de trabalho necessária a sua produção, que determinarão o plano.[12]

No sistema capitalista o valor de uso é apenas um meio — e frequentemente uma astúcia — subordinado ao valor de troca e à rentabilidade (isso explica por que há tantos produtos na nossa sociedade sem nenhuma utilidade). Na economia socialista planificada a produção dos bens e dos serviços responde somente ao critério do valor de uso, o que leva a consequências no âmbito econômico, social e ecológico cuja amplitude é espetacular. Como Joel Kovel observou:

> O fortalecimento do valor de uso e as reestruturações subsequentes das necessidades tornam-se o parâmetro social da tecnologia, em vez da transformação do tempo em mais-valia e em dinheiro.[13]

O gênero de sistema de planejamento democrático considerado neste ensaio concerne às principais escolhas econômicas e não à administração de restaurantes locais, mercearias, padarias, pequenas lojas, empresas artesanais ou de serviços. Da mesma forma é importante sublinhar que o planejamento não está em contradição com a autogestão dos trabalhadores em suas unidades de produção. Já que a decisão de transformar, por exemplo, uma fábrica de carros em unidade de produção de ônibus ou de *tramways* caberia ao conjunto da sociedade, a organização e o funcionamento interno da fábrica seriam geridos democraticamente pelos

---

12. F. Engels. *Anti-Dühring*. Op. cit., p. 349.
13. J. Kovel. *The enemy of nature*. Op. cit., p. 215.

próprios trabalhadores. Houve um grande debate sobre o caráter "centralizado" ou "descentralizado" do planejamento, mas o importante continua sendo o controle democrático do plano em todos os níveis, local, regional, nacional, continental — e, assim esperamos, planetário, já que os temas da ecologia, como o aquecimento global, são mundiais e só podem ser tratados nesse nível. Esta proposta poderia ser chamada de "planejamento democrático global". E, mesmo nesse nível, trata-se de um planejamento que se opõe àquilo que com frequência é descrito como "planejamento central" porque as decisões econômicas e sociais não são tomadas por um "centro" qualquer, mas determinadas democraticamente pelas populações envolvidas.

Debate democrático e autogestão

É claro que haveria aí tensões e contradições entre os estabelecimentos autogeridos e as administrações democráticas locais e outros grupos sociais maiores. Os mecanismos de negociação podem ajudar a resolver numerosos conflitos desse gênero, mas, em última análise, caberia aos maiores grupos envolvidos, e somente se eles forem majoritários, exercerem seu direito de impor suas opiniões. Para dar um exemplo: uma fábrica autogerida decide descartar seus resíduos tóxicos em um rio. A população de toda uma região está ameaçada por essa poluição. Ela pode, nesse momento, depois de um debate democrático, decidir que a produção dessa unidade deve ser suspensa até que uma solução satisfatória para controlar esses resíduos seja encontrada. Idealmente, em uma sociedade ecossocialista, os próprios trabalhadores da fábrica teriam consciência ecológica suficiente para evitar decisões perigosas para o meio ambiente e para a saúde da população local. No entanto, o fato de introduzir meios que garantam o poder de decisão da população para defender os interesses mais gerais, como no exemplo precedente, não significa que as questões referentes à gestão interna não sejam submetidas aos cidadãos no nível da fábrica, da escola, do bairro, do hospital ou da cidade.

O planejamento socialista deve ser fundado no debate democrático e pluralista, em cada nível de decisão. Organizados sob a forma de partidos, de plataformas ou de qualquer outro movimento político, os delegados dos organismos de planejamento são eleitos e as diversas propostas são apresentadas a todos aqueles a quem elas concernem. Dito de outra forma, a democracia representativa deve ser enriquecida — e melhorada — pela democracia direta que permite às pessoas escolher diretamente — em nível local, nacional e, por último, internacional — entre diferentes propostas. O conjunto da população se interrogaria então a respeito da gratuidade do transporte público, de um imposto especial pago pelos proprietários de carros para subvencionar o transporte público, da subvenção da energia solar a fim de torná-la competitiva em relação à energia fóssil, da redução da jornada de trabalho para trinta ou 25 horas semanais ou menos, mesmo que isso acarretasse redução da produção. Como Ernest Mandel disse:

> Os governos, os partidos políticos, os conselhos de planejamento, os cientistas, os tecnocratas ou quem quer que seja podem fazer propostas, apresentar iniciativas e tentar influenciar as pessoas... No entanto, em um sistema multipartidário tais propostas nunca serão unânimes: as pessoas

farão sua escolha entre as alternativas coerentes. Assim, o direito e o poder efetivo de tomar decisões deveriam estar nas mãos da maioria dos produtores/consumidores/cidadãos e de mais ninguém. Há algo de paternalista ou despótico nessa postura?[14]

Uma questão se coloca: que garantia temos de que as pessoas farão as escolhas certas, as que protegem o meio ambiente, mesmo que o preço a pagar seja mudar uma parte de seus hábitos de consumo? Tal "garantia" não existe, somente a perspectiva razoável de que a racionalidade das decisões democráticas triunfará uma vez abolido o fetichismo dos bens de consumo. É certo que o povo cometerá erros fazendo más escolhas, mas os próprios especialistas não cometem erros? É impossível conceber a construção de uma nova sociedade sem que a maioria do povo tenha atingido uma grande consciência socialista e ecológica graças às suas lutas, à sua autoeducação e à sua experiência social. Então é razoável estimar que os erros graves — até mesmo as decisões incompatíveis com as necessidades relacionadas ao meio ambiente — serão corrigidos.[15] Em todo caso, podemos nos perguntar se as alternativas — o

---

14. E. Mandel. *Power and money*. London: Verso, 1991. p. 209.

15. Mandel observou: "Nós não pensamos que a 'maioria tem sempre razão' [...] Todo mundo comete erros. Isso é verdade para a maioria dos cidadãos, para a maioria dos produtores e para a maioria dos consumidores. No entanto, haverá uma diferença essencial entre eles e seus predecessores. Em todo sistema em que o poder é desigual [...] aqueles que tomam más decisões sobre a atribuição de recursos são raramente aqueles que pagam as consequências de seus erros [...] Considerando o fato de que exista uma real democracia política, escolhas culturais reais e informação, é difícil acreditar que a maioria prefira ver seus bosques desaparecerem [...] ou seus hospitais com poucos funcionários, em vez de corrigir os erros de atribuição" (Mandel, E. In defense of socialist planning. In: *New Left Review*, n. 1, v. 159. p. 31, 1986).

mercado impiedoso, uma ditadura ecológica dos *"experts"* — não são muito mais perigosas que o processo democrático, com todos os seus limites...

Certamente, para que o planejamento funcione, são necessários corpos executivos e técnicos que possam fazer funcionar as decisões, mas a autoridade deles seria limitada pelo controle permanente e democrático exercido pelos níveis inferiores, onde existe a autogestação dos trabalhadores no processo de administração democrática. Não podemos esperar, é claro, que a maioria da população empregue a integralidade de seu tempo livre na autogestão ou em reuniões participativas. Como Ernest Mandel observou:

> A consequência da autogestão não é a supressão da delegação, mas uma combinação entre a tomada de decisão pelos cidadãos e um controle mais estrito dos delegados pelos seus eleitores respectivos.[16]

Economia participativa

"A economia participativa" (ou *parecon*) concebida por Michael Albert foi objeto de debate no interior do movimento altermundialista ou *Global Justice Movement* (o movimento pela justiça global). Apesar de suas sérias limitações, como a ignorância da ecologia ou a oposição entre *"parecon"* e "socialismo", este último reduzido ao modelo burocrático e centralista da União Soviética, o *"parecon"* tem algumas características comuns com o gênero de planejamento ecossocialista

---

16. E. Mandel. *Power and money*. Op. cit., p. 204.

proposto no presente documento: a oposição ao mercado capitalista e ao planejamento burocrático, a confiança na auto-organização dos trabalhadores e no antiautoritarismo. O modelo de planejamento participativo de Albert foi fundamentado sobre uma construção institucional complexa:

> Os trabalhadores e os consumidores determinam juntos a produção, avaliando de forma aprofundada todas as consequências. As instâncias de assistência decisória anunciam em seguida os índices de preços para todos os produtos, os fatores de produção, dentre os quais estão a mão de obra e o capital fixo. Esses índices são calculados em função do ano precedente e das mudanças ocorridas. Os consumidores (indivíduos, conselhos, federação de conselhos) respondem com propostas, utilizando esses preços como avaliação realista do conjunto de recursos, do material, da mão de obra, dos efeitos indesejáveis (tais como a poluição) e dos benefícios sociais inerentes a cada bem ou serviço. Simultaneamente, os trabalhadores individualmente, assim como seus conselhos e federações, fazem suas próprias propostas, anunciando o que eles preveem produzir e os fatores de produção necessários, se baseando, eles também, nos preços como estimativa de valor social da produção e dos custos que ela implica. Com base nas propostas tornadas públicas pelos trabalhadores e pelos consumidores, os conselhos decisores podem calcular os excessos de oferta ou de demanda para cada produto e revisar o índice de preços segundo um método que é objeto de um acordo social. É a vez de os conselhos revisarem, então, suas propostas [...] Na medida em que nenhum agente tem mais influência do que outro no processo de planejamento, em que cada um avalia os custos e os benefícios sociais com um peso que corresponde a seu grau de implicação na

produção e no consumo, esse processo gera simultaneamente equidade, eficácia e autogestão.[17]

O principal problema dessa concepção — que, na verdade, não é "muito simples" como afirma M. Albert, mas extremamente elaborada e por vezes bastante obscura — é que ela parece reduzir o "planejamento" a um gênero de negociação entre produtores e consumidores a respeito de preços, recursos, produtos finais, oferta e demanda. Por exemplo, o conselho de trabalhadores de uma indústria de automóveis se reuniria com o conselho de consumidores para discutir os preços e adaptar a oferta à demanda. O que se omite aqui é justamente o tema principal do planejamento ecossocialista: a reorganização do sistema de transporte reduzindo radicalmente o lugar do veículo individual. Já que o ecossocialismo necessita da supressão total de alguns setores industriais — as centrais nucleares, por exemplo — e o investimento maciço nos setores de tamanho reduzido ou quase inexistentes (como a energia solar), como tudo isso pode ser gerado por "negociações cooperativas" entre as unidades de produções existentes e os conselhos de consumidores a respeito dos "recursos" e dos "preços indicativos"?

O modelo de Albert remete às estruturas tecnológicas e produtivas atuais e ele é por demais "economicista" para levar em conta os interesses sociopolíticos e socioecológicos da população — os interesses dos indivíduos como seres humanos e cidadãos, habitantes de um meio ambiente natural ameaçado, e que não podem ser reduzidos a seus interesses econômicos como produtores e consumidores. Em

---

17. Albert, M. *Après le capitalisme*: éléments d'économie participaliste. Marseille: Agone, 2003. p. 121-2. (Col. Contre-feux.)

sua concepção, não só o Estado como instituição é colocado de lado — o que é uma escolha respeitável — mas também *a política* como confrontação de diferentes escolhas, quer sejam de ordem econômica, social, política, ecológica, cultural e civilizacional em nível local, nacional e internacional.

Esse ponto é muito importante porque a passagem do "progresso destrutivo" do sistema capitalista ao socialismo é um processo histórico, uma transformação revolucionária e constante da sociedade, da cultura e das mentalidades — e a *política* no sentido mais amplo, tal como definida antes, está inegavelmente no coração desse processo. É importante precisar que tal evolução não pode nascer sem uma mudança revolucionária das estruturas sociais e políticas e sem o apoio ativo da grande maioria da população ao programa ecossocialista. A tomada de consciência socialista e ecológica é um processo cujos fatores decisivos são as lutas coletivas das populações que, a partir de confrontos parciais em nível local, progridem em direção à perspectiva de uma mudança radical da sociedade. Essa transição não conduziria somente a um novo modo de produção e a uma sociedade democrática e igualitária, mas também a um *modo de vida* alternativo, uma verdadeira *civilização* ecossocialista para além do império do dinheiro com seus hábitos de consumo artificialmente induzidos pela publicidade e sua produção ilimitada de bens inúteis e/ou prejudiciais ao ambiente.

Ideologia do "decrescimento"

Alguns ecologistas estimam que a única alternativa ao produtivismo é parar o crescimento em seu conjunto, ou substituí-lo por um crescimento negativo — chamado na França de "decrescimento". Para fazer isso, é necessário reduzir drasticamente o nível excessivo de consumo da população e renunciar às casas individuais, ao aquecimento central e às máquinas de lavar, entre outros, para reduzir o consumo de energia pela metade. Como essas medidas de austeridade draconiana e outras semelhantes correm o risco de ser muito impopulares, alguns advogados do decrescimento jogam com a ideia de um tipo de "ditadura ecológica".[18] Contra pontos de vista tão pessimistas, alguns socialistas manifestam um otimismo que os leva a pensar que o progresso técnico e a utilização de fontes de energia renováveis permitirão um crescimento ilimitado e a prosperidade, de forma que cada um receba "segundo suas necessidades".

Parece-me que essas duas escolas partilham uma concepção puramente *quantitativa* do "crescimento" — positivo ou negativo — e do desenvolvimento das forças produtivas. Penso que existe uma terceira posição que me parece mais apropriada: uma verdadeira transformação *qualitativa* do desenvolvimento. Isso implica colocar um fim ao desperdício monstruoso de recursos provocado pelo capitalismo, o qual está fundado numa produção em grande escala de produtos inúteis e/ou danosos. A indústria de armamentos é um bom exemplo, assim como todos esses "produtos" fabricados no sistema capitalista — com obsolescência

---

18. Sobre o "decrescimento" ver: M. Rahnema (com V. Bawtree) (Org.). *The post-development reader*. Atlantic Highlands: Zed Books, 1997; e M. Bernard et al. (Org.). *Objectif Décroissance: Vers une société harmonieuse*. Lyon: Parangon, 2004. O principal teórico francês do decrescimento é Serge Latouche, autor de *La planète des naufragés. Essai sur l'après-développement*. Paris: La Découverte, 1991.

programada — que não têm outra utilidade que a de gerar lucro às grandes empresas. A questão não é o "consumo excessivo" em abstrato, mas, antes, o tipo de consumo dominante cujas características principais são: a propriedade ostensiva, o desperdício maciço, a acumulação obsessiva de bens e a aquisição compulsiva de pseudonovidades impostas pela "moda". Uma nova sociedade orientaria a produção em direção à satisfação das necessidades autênticas, para começar por aquelas que poderíamos qualificar como "bíblicas" — água, comida, roupa e habitação — mas adicionando a elas os serviços essenciais: saúde, educação, cultura e transporte.

É evidente que nos países onde essas necessidades estão longe de ser satisfeitas, isto é, os países do hemisfério sul, deverão "se desenvolver" muito mais — construir estradas de ferro, hospitais, esgotos e outras infraestruturas — que os países industrializados, mas isso deveria ser compatível com um sistema de produção fundado nas energias renováveis e, logo, não danosas ao meio ambiente. Esses países terão necessidade de produzir grandes quantidades de alimentos para suas populações já atingidas pela fome, mas — como sustentam há anos os movimentos camponeses organizados em nível internacional pela rede *Via Campesina* — trata-se de um objetivo bem mais fácil de alcançar por intermédio da agricultura biológica camponesa organizada em unidades familiares, cooperativas ou fazendas coletivas, do que pelos métodos destrutivos e antissociais da indústria do agronegócio cujo princípio é o uso intensivo de pesticidas, de substâncias químicas e de alimentos transgênicos. O odioso sistema atual da dívida e da exploração imperialista dos recursos do Sul pelos países capitalistas e industrializados daria lugar a um ímpeto de apoio técnico e econômico do Norte em direção ao Sul. Não haveria nenhuma necessidade — como parecem acreditar alguns ecologistas puritanos e ascéticos — de reduzir, em termos absolutos, o nível de vida das populações europeias ou norte-americanas. Seria necessário simplesmente que essas populações se livrassem de produtos inúteis, aqueles que não satisfazem nenhuma necessidade real e cujo consumo obsessivo é sustentado pelo sistema capitalista. Reduzindo seu consumo, redefiniriam a noção de nível de vida para dar lugar a um modo de vida que é na realidade mais rico.

Verdadeiras e falsas necessidades

Como distinguir as necessidades autênticas das necessidades artificiais, falsas ou simuladas? A indústria da publicidade — que exerce sua influência sobre as necessidades pela manipulação mental — penetrou todas as esferas da vida humana nas sociedades capitalistas modernas. Tudo é modelado segundo suas regras, não só a alimentação e as roupas, mas também domínios tão diversos como o esporte, a cultura, a religião e a política. A publicidade invadiu nossas ruas, nossas caixas de correio, nossas telas de televisão, nossos jornais e nossas paisagens de um modo insidioso, permanente e agressivo. Esse setor contribui diretamente para os hábitos de consumo ostensivo e compulsivo. E ainda desencadeia um desperdício fenomenal de petróleo, eletricidade, tempo de trabalho, papel e substâncias químicas, entre outras matérias-primas — tudo pago pelos consumidores. Trata-se de um ramo de produção que não é somente inútil do ponto de vista humano, mas que está também em contradição com as necessidades sociais reais. Enquanto a publicidade é uma dimensão indispensável em uma economia de mercado capitalista, ela não teria espaço numa sociedade em transição para o socialismo. Seria substituída por informações sobre os produtos e serviços fornecidos pelas associações de consumidores. O critério, para distinguir uma necessidade autêntica de uma necessidade artificial, seria sua permanência depois da supressão da publicidade. Está claro que durante certo tempo os antigos hábitos de consumo persistirão porque ninguém tem o direito de dizer às pessoas do que elas precisam. A mudança dos modelos de consumo é um processo histórico e um desafio educacional.

Alguns produtos, como o automóvel particular, levantam problemas mais complexos. Os automóveis particulares representam um prejuízo público. Em escala planetária matam ou mutilam centenas de milhares de pessoas a cada ano. Poluem o ar das grandes cidades — com consequências nefastas à saúde das crianças e das pessoas idosas — e contribuem consideravelmente para a mudança climática. Aliás, o automóvel particular satisfaz as necessidades reais nas condições atuais do capitalismo. Nas cidades europeias onde as autoridades se preocupam com o meio ambiente, experiências locais — aprovadas pela maioria da população — mostram que é possível limitar progressivamente o lugar do automóvel particular para privilegiar os ônibus e *tramways*. Em um processo de transição ao ecossocialismo, o transporte público seria amplamente difundido e gratuito — tanto sobre a terra como sob a terra —, ao passo que as vias seriam protegidas para os pedestres e ciclistas. Em consequência, o automóvel individual teria um papel muito menos importante do que na sociedade burguesa onde se tornou um produto-fetiche promovido por uma publicidade insistente e agressiva. O automóvel é um símbolo de prestígio, um signo de identidade (nos Estados Unidos, a carteira de habilitação é a carteira de identidade reconhecida). O automóvel atualmente está no coração da vida pessoal, social e erótica.[19] Nessa transição para uma nova sociedade, será mais fácil reduzir drasticamente o transporte rodoviário de mercadorias — responsável por acidentes trágicos e por níveis de poluição elevados — para substituí-lo pelo transporte ferroviário, ou o "ferroutage".[20] Apenas a lógica absurda da "competitividade" capitalista explica o desenvolvimento do transporte por caminhão.

A essas propostas os pessimistas responderão: sim, mas os indivíduos são motivados por aspirações e desejos infinitos que devem ser controlados, analisados, inibidos e mesmo reprimidos, se necessário. A democracia poderia então sofrer algumas restrições. Ora, o ecossocialismo está fundamenta-

---

19. Ernest Mandel mostrava-se cético quanto à rapidez das mudanças nos hábitos de consumo, como o veículo individual, por exemplo: "Se, apesar dos argumentos de peso tais como a defesa do meio ambiente dentre tantos outros, eles (os produtores e os consumidores) quiserem perpetuar a dominação do veículo individual a carburador e continuar a poluir suas cidades, isso seria direito deles. Quanto às orientações de consumo enraizado, as mudanças são frequentemente lentas. Poucos são aqueles que pensam que os trabalhadores americanos renunciariam a seus carros no dia seguinte ao de uma revolução socialista" (E. Mandel, "In defense of socialist planning". Op. cit., p. 30). Certamente, Mandel tem razão em insistir na ideia de que a mudança dos modelos de consumo não deveria ser imposta, mas ele subestima muito o impacto que teria um sistema de transporte público generalizado e gratuito, assim como a adesão da maioria dos cidadãos — é já o caso em muitas cidades europeias grandes — à aplicação de medidas capazes de reduzir a circulação de automóveis.

20. Transporte de carga que combina trechos em estradas de ferro e trechos em rodovias. (N. T.)

do sobre uma hipótese razoável, já sustentada por Marx: a predominância do "ser" sobre o "ter" em uma sociedade sem classes sociais nem alienação capitalista, isto é, a prioridade do tempo livre sobre o desejo de possuir inumeráveis objetos: a realização pessoal por meio de verdadeiras atividades culturais, esportivas, lúdicas, científicas, eróticas, artísticas e políticas. O fetichismo da mercadoria incita à compra compulsiva através da ideologia e da publicidade, próprias ao sistema capitalista. Nada prova que isso faz parte da "eterna natureza humana". Como Ernest Mandel sublinhou:

> A acumulação permanente de bens cada vez mais numerosos (cuja "utilidade marginal" está em baixa) não é de nenhuma forma um traço universal ou permanente do comportamento humano. Uma vez que as necessidades de base foram satisfeitas, as motivações principais evoluem: desenvolvimento de talentos e de propensões gratificantes por si mesmas, preservação da saúde e da vida, proteção das crianças, desenvolvimento de relações sociais enriquecedoras...[21]

Como foi abordado anteriormente, isso não significa, sobretudo durante o período de transição, que os conflitos seriam inexistentes — conflitos entre as necessidades de proteção ambiental e as necessidades sociais, entre as obrigações relacionadas à ecologia e a necessidade de desenvolver as infraestruturas de base, notoriamente nos países pobres, entre os hábitos populares de consumo e a falta de recursos. Uma sociedade sem classes sociais não é uma sociedade sem contradições nem conflitos. Esses últimos são inevitáveis, e o papel do planejamento democrático será,

---

21. E. Mandel. *Power and money*, op. cit., p. 206.

em uma perspectiva ecossocialista livre da pressão do capital e do lucro, resolvê-los graças a discussões abertas e pluralistas conduzindo a própria sociedade à tomada de decisões. Tal democracia, comum e participativa, é o único meio, não de evitar erros, mas de corrigi-los pela própria coletividade social.

Comunismo solar

Trata-se de uma utopia? No sentido etimológico — "alguma coisa que não existe em lugar nenhum" —, certamente. No entanto, as utopias, isto é, as visões de um mundo alternativo, as imagens ideais de uma sociedade diferente, não são uma característica necessária a todo movimento que visa a desafiar a ordem estabelecida? Como explica Daniel Singer em seu testamento literário e político, *A qui appartient l'avenir?* em um potente capítulo intitulado "Une utopie realiste":

> Se o *establishement* parece tão sólido apesar das circunstâncias, e se o movimento dos trabalhadores — ou a esquerda em geral — está tão débil e paralisado, é porque em nenhum lugar se apresenta um projeto alternativo radical ... A regra do jogo consiste em não colocar em questão nem os princípios de raciocínio nem os fundamentos da sociedade. Apenas uma alternativa global, rompendo essa resignação e essa capitulação, poderá dar ao movimento de emancipação uma real envergadura.[22]

---

22. Singer D. *À qui appartient l'avenir? Pour une utopie réaliste.* Bruxelles: Complexe, 2004. p. 304-5.

A utopia socialista e ecológica é apenas uma *possibilidade objetiva*. Não é o resultado inevitável das contradições do capitalismo nem das "leis de ferro da história". Só se pode prever o futuro sob forma condicional: a lógica capitalista levará a desastres ecológicos dramáticos, ameaçando a saúde e a vida de milhões de seres humanos e até mesmo a sobrevivência da nossa espécie, se não assistirmos a uma mudança radical do paradigma civilizacional e a uma transformação ecossocialista.

Sonhar com um socialismo verde ou, ainda, nas palavras de alguns, com um *comunismo solar*, e lutar por esse sonho, não quer dizer que não nos esforcemos para aplicar reformas concretas e urgentes. Se não devemos nutrir ilusões sobre um "capitalismo limpo", devemos, entretanto, tentar ganhar tempo e impor aos poderes públicos algumas mudanças elementares: a proibição dos gases CFC que estão destruindo a camada de ozônio, uma moratória geral da produção de organismos geneticamente modificados, uma redução drástica da emissão de gases que causam o efeito estufa, uma regulamentação estrita da pesca industrial e da utilização de pesticidas como substâncias químicas na produção agroindustrial, uma taxa sobre os automóveis poluentes, um desenvolvimento muito maior do transporte público, a substituição progressiva de caminhões por trens. Essas questões, entre tantas outras, estão no coração da ordem do dia do movimento altermundialista e do Fórum Social Mundial. Trata-se de um progresso no âmbito da política, que permitiu, desde a manifestação de Seattle em 1999, a convergência de movimentos sociais e ecológicos em um combate comum contra o sistema. Essas reivindicações ecossociais urgentes podem conduzir a um processo de radicalização com a condição de que não sejam adaptadas às exigências da "competitividade". Segundo a lógica do que os marxistas chamam de "programa de transição", cada pequena vitória, cada avanço parcial conduz a uma reivindicação mais importante, a um objetivo mais radical. Essas lutas em torno de questões concretas são importantes não somente porque as vitórias parciais são úteis elas mesmas, mas também porque contribuem para uma tomada de consciência ecológica e socialista. Além disso, essas vitórias favorecem a atividade e a auto-organização a partir de baixo: são duas pré-condições necessárias e decisivas para alcançar uma transformação radical, isto é, revolucionária, do mundo.

As experiências no nível local, como as zonas sem automóveis em diversas cidades europeias, as cooperativas de agricultura orgânica lançadas pelo Movimento dos Trabalhadores Rurais Sem Terra no Brasil (MST) ou o orçamento participativo de Porto Alegre são exemplos limitados, mas não desinteressantes de uma mudança social e ecológica. Com suas assembleias locais que decidiam as prioridades do orçamento, Porto Alegre era talvez, apesar de seus limites e até a derrota da esquerda nas eleições municipais em 2002, o exemplo mais interessante de um "planejamento a partir de baixo".[23] Devemos, entretanto, admitir que mesmo que alguns governos tenham adotado algumas medidas progressistas, as coalizões de centro-esquerda ou "vermelhos/verdes" na Europa e na América Latina foram decepcionantes porque ajustadas aos limites das políticas socioliberais de adaptação à globalização capitalista.

---

23. Ver S. Baierle. The Porto Alegre Thermidor, *Socialist Register*, 2003.

Não haverá transformação radical enquanto as forças engajadas em um programa radical socialista e ecológico não forem hegemônicas, no sentido em que o entendia Antonio Gramsci. Num certo sentido, o tempo é nosso aliado, porque trabalhamos para a única mudança capaz de resolver os problemas do meio ambiente, cuja situação apenas se agrava com ameaças — como a mudança climática — que estão cada vez mais próximas. Por outro lado, o tempo está contado, e em alguns anos — ninguém saberá dizer quantos — os estragos poderão ser irreversíveis. Não há razão para otimismo: o poder das elites atuais no comando do sistema é imenso e as forças de oposição radical são ainda modestas. No entanto, elas são a única esperança que temos para colocar um freio ao "progresso destrutivo" do capitalismo. Walter Benjamin propunha definir a revolução não como "locomotiva da história", mas como ação salvadora da humanidade que puxa os freios de emergência antes que o trem mergulhe no abismo...[24]

---

24. W. Benjamin. *Gesammelte Schriften.* Suhrkamp: Frankfurt, v. I, n. 3, p. 1232, 1980.

Bibliografia

BAGAROLO, T. Encore sur marxisme et écologie. *Quatrième Internationale*, n. 44, maio/jul. 1992.

BENJAMIN, W. *Sens unique*. Paris: Lettres Nouvelles/Maurice Nadeau, 1978.

_____. Thèses sur la philosophie de l'histoire. In: _____. *L'homme, le langage et la culture*. Paris: Denoël, 1971.

BENSAÏD, D. *Marx l'intempestif*. Paris: Fayard, 1995.

BLOCH, E. *Le principe espérance*. Paris: Gallimard, três volumes, 1976-1984.

CHICO MENDES POR ELE MESMO. Rio de Janeiro: Fase, 1989.

DICKMANN, Julius. La véritable limíte de la production capitalista. *La Critique Sociale*, n. 9, set. 1993.

ENGELS, F. *Dialectique de la Nature*. Paris: Ed. Sociales, 1968.

_____. The condition of the working class in England [1844]. In: MARX, Karl; ENGELS, Friedrich. *On Britain*. Moscou: Foreign Languages Publishing House, 1953.

FOSTER, J. B. Ecology against Capitalism. *Monthly Review*, v. 53, n. 5, out. 2001.

KOVEL, J. *The Ennemy of nature*: the end of capitalism or the end of the world? Nova York: Zed Books, 2002.

LEGADO DE CHICO MENDES. Rio de Janeiro: Sesc, 2003.

MARTINEZ-ALIER, J. Political Ecology, Distributional Conflicts, and Economic Incommensurability. *New Left Review*, n. 211, maio/jun.1995.

MARX, Karl. *Para a crítica da economia política*. Salário, preço e lucro; O rendimento e suas fontes. São Paulo: Abril Cultural, 1982. (Col. Os Economistas.)

_____. *O capital*. São Paulo: Abril Cultural, 1985. v. III, t. 2. (Col. Os Economistas.)

_____. *O capital*. São Paulo: Abril Cultural, 1984. v. I, t. 2. (Col. Os Economistas.)

_____. *Misère de la philosophie*. Paris: Ed. Sociales, 1947.

_____. *Manuscrits de 1844*. Paris: Ed. Sociales, 1962.

MARX, Karl; ENGELS, Friedrich. *A ideologia alemã*. Lisboa: Presença/Martins Fontes, 1974. (Col. Síntese.)

_____. *Critique des Programmes de Gotha et d'Erfurt*. Paris: Ed. Sociales, 1950.

MIES, M. Liberación del consumo o politización de la vida cotidiana. *Mientras Tanto*, Barcelona, n. 48, 1992.

O'CONNOR, J. La seconde contradiction du capitalisme: causes et conséquences. *Actuel Marx*, Paris, Presses Universitaires de France, n. 12, 1992.

_____. *Natural causes*: essays in ecological marxism. Nova York: The Guilford Press, 1998.

POLANYI, K. *La grande transformation*: aux origines politiques et économiques de notre temps. Paris: Gallimard, 1983.

RAWLS, J. *Libéralisme politique*. Paris: PUF, 1995.

RIECHMANN, J. Necesitamos una reforma fiscal guiada por criterios igualitarios y ecológicos. In: _____. *De la economia a la ecologia.* Madri: Editorial Trotta, 1995.

_____. *Problemas con los frenos de emergencia?* Madri: Editorial Revolución, 1991.

_____. El socialismo puede llegar solo en bicicleta. *Papeles de la Fondation de Investigaciones Marxistas,* Madri, n. 6, 1996.

ROUSSET, P. Convergence de combats. L'écologique et le social. *Rouge,* 16 maio 1996.

SCHWARTZMAN, D. Solar Communism. *Science and Society.* Special issue "Marxism and Ecology", v. 60, n. 3, outono de 1996.

SINDICATO DOS TRABALHADORES DE XAPURI. Central Única dos Trabalhadores. *Chico Mendes,* São Paulo, jan. 1989.

SUMMERS, Lawrence. Let them eat polution. *The Economist,* 8 fev. 1992.

THOMPSON, E. P. Moral Economy Reviewed. In: _____. *Customs in Common.* Londres: Merlin Press, 1991.

WEBER, M. *Wirtschaft und Gesellschaft.* Tübingen: JCB Mohr, 1923.

ANEXOS

Manifesto Ecossocialista Internacional

O século XXI se inicia com uma nota catastrófica, com um grau sem precedentes de desastres ecológicos e uma ordem mundial caótica, cercada por terror e focos de guerras localizadas e desintegradoras, que se espalham como uma gangrena pelos grandes troncos do planeta — África Central, Oriente Médio, América do Sul e do Norte —, ecoando por todas as nações.

Na nossa visão, as crises ecológicas e o colapso social estão profundamente relacionados e deveriam ser vistos como manifestações diferentes das mesmas forças estruturais. As primeiras derivam, de uma maneira geral, da industrialização massiva, que ultrapassou a capacidade da Terra absorver e conter a instabilidade ecológica. O segundo deriva da forma de imperialismo conhecida como globalização, com seus efeitos desintegradores sobre as sociedades que se colocam em seu caminho. Ainda, essas forças subjacentes são essencialmente diferentes aspectos do mesmo movimento, devendo ser identificadas como a dinâmica central que move o todo: a expansão do sistema capitalista mundial.

Rejeitamos todo tipo de eufemismos ou propaganda que suavizem a brutalidade do sistema: todo mascaramento de seus custos ecológicos, toda mistificação dos custos humanos sob os nomes de democracia e direitos humanos. Ao contrário, insistimos em enxergar o capital a partir daquilo que ele realmente fez.

Agindo sobre a natureza e seu equilíbrio ecológico, o sistema, com seu imperativo de expansão constante da lucratividade, expõe ecossistemas a poluentes desestabilizadores, fragmenta *habitats* que evoluíram milhões de anos de modo a permitir o surgimento de organismos, dilapida recursos, e reduz a vitalidade sensual da natureza às frias trocas necessárias à acumulação de capital.

Do lado da humanidade, com suas exigências de autodeterminação, comunidade e existência plena de sentido, o capital reduz a maioria das pessoas do mundo a mero reservatório de mão de obra, ao mesmo tempo em que descarta os considerados inúteis. O capital invadiu e minou a integridade das comunidades por meio de uma cultura de massas global de consumismo e despolitização. Ele expandiu as disparidades de riqueza e de poder em níveis sem precedentes na história. Trabalhou lado a lado com uma rede de Estados corruptos e subservientes, cujas elites locais, poupando o centro, executam o trabalho de repressão. O capital também colocou em funcionamento, sob a supervisão das potências ocidentais e da superpotência norte-americana, uma rede de organizações trans-estatais destinada a minar a autonomia da periferia, atando-a às suas dívidas enquanto mantém um enorme aparato militar que força a obediência ao centro capitalista.

Nós entendemos que o atual sistema capitalista não pode regular, muito menos superar, as crises que deflagrou. Ele não pode resolver a crise ecológica porque fazê-lo implica em colocar limites ao processo de acumulação — uma opção inaceitável para um sistema baseado na regra "cresça ou morra!". Tampouco ele pode resolver a crise posta pelo terror ou outras formas de rebelião violenta, porque fazê-lo significaria abandonar a lógica do império, impondo limites inaceitáveis ao crescimento e ao "estilo de vida" sustentado pelo império. Sua única opção é recorrer à força bruta, incrementando a alienação e semeando mais terrorismo e contraterrorismo, gerando assim uma nova variante de fascismo.

Em suma, o sistema capitalista mundial está historicamente falido. Tornou-se um império incapaz de se adaptar, cujo gigantismo expõe sua fraqueza subjacente. O sistema capitalista mundial é, na linguagem da ecologia, profundamente insustentável e, para que haja futuro, deve ser fundamentalmente transformado ou substituído.

É dessa forma que retornamos à dura escolha apresentada por Rosa Luxemburgo: "Socialismo ou Barbárie!", em que a face da última está impressa neste século que se inicia na forma de ecocatástrofe, terror e contraterror e sua degeneração fascista.

Mas por que socialismo, por que reviver esta palavra aparentemente consignada ao lixo da história pelos equívocos de suas interpretações no século XX? Por uma única razão: embora castigada e não realizada, a noção de socialismo ainda permanece atual para a superação do capital. Se o capital deve ser superado, uma tarefa dada como urgente considerando a própria sobrevivência da civilização, o resultado será necessariamente "socialista", pois esse é o termo que designa a passagem a uma sociedade pós-capitalista. Se dizemos que o capital é radicalmente insustentável e se degenera em barbárie, delineada antes, então estamos também dizendo que precisamos construir um "socialismo" capaz de superar as crises que o capital iniciou. E se os "socialismos" do passado falharam nisso, é nosso dever, se escolhemos um fim outro que não a barbárie, lutar por um socialismo que triunfe. Da mesma forma que a barbárie mudou desde os tempos em que Rosa Luxemburgo enunciou sua profética alternativa, também o nome e a realidade do "socialismo" devem ser adequados aos tempos atuais.

É por essas razões que escolhemos nomear nossa interpretação de "socialismo" como um *ecossocialismo*, e nos dedicar à sua realização.

Por que Ecossocialismo?

Entendemos o ecossocialismo não como negação, mas como realização dos socialismos da "primeira época" do século XX, no contexto da crise ecológica. Como seus antecessores, o ecossocialismo se baseia na visão de que capital é trabalho passado reificado, e se fortalece a partir do livre desenvolvimento de todos os produtores, ou em outras palavras, a partir da não separação entre produtores e meios de produção. Entendemos que essa meta não teve sua implementação possível no socialismo da "primeira época". As razões dessa impossibilidade são demasiadamente complexas para serem aqui rapidamente abordadas, cabendo, entretanto, mencionar os diversos efeitos do subdesenvolvimento no contexto de hostilidade por parte das potências capitalistas. Essa conjuntura teve efeitos nefastos sobre os socialismos existentes, principalmente no que se refere à negação da democracia interna associada à apologia do produtivismo capitalista, o que conduziu ao colapso dessas sociedades e à ruína de seus ambientes naturais.

O ecossocialismo retém os objetivos emancipatórios do socialismo da "primeira época", ao mesmo tempo em que rejeita tanto os objetivos reformistas da social-democracia quanto as estruturas produtivistas das variações burocráticas do socialismo. O ecossocialismo insiste em redefinir a trajetória e objetivo da produção socialista em um contexto ecológico. Ele o faz especificamente em relação aos "limites ao crescimento", essencial para a sustentabilidade da sociedade. Isso sem, no entanto, impor escassez, sofrimento ou repressão à sociedade. O objetivo é a transformação das necessidades, uma profunda mudança de dimensão qualitativa, não quantitativa. Do ponto de vista da produção de mercadorias, isso se traduz em uma valorização dos valores de uso em detrimento dos valores de troca — um projeto de relevância de longo prazo baseado na atividade econômica imediata.

A generalização da produção ecológica sob condições socialistas pode fornecer a base para superação das crises atuais. Uma sociedade de produtores livremente associados não cessa sua própria democratização. Ela deve insistir em libertar todos os seres humanos como seu objetivo e fundamento. Ela supera assim o impulso imperialista subjetiva e objetivamente. Ao realizar tal objetivo, essa sociedade luta para superar todas as formas de dominação, incluindo, especialmente, aquelas de gênero e raça. Ela supera as condições que conduzem a distorções fundamentalistas e suas manifestações terroristas. Em síntese, essa sociedade se coloca em harmonia ecológica com a natureza em um grau impensável sob as condições atuais. Um resultado prático dessas tendências poderia se expressar, por exemplo, no desaparecimento da dependência de combustíveis fósseis — característica do capitalismo industrial —, que, por sua vez, poderia fornecer a base material para o resgate das terras subjugadas pelo imperialismo do petróleo, ao mesmo tempo em que possibilitaria a contenção do aquecimento global e de outras aflições da crise ecológica.

Ninguém pode ler estas recomendações sem pensar primeiro em quantas questões práticas e teóricas elas suscitam e, segundo e mais desesperançosamente, em quão remotas elas são em relação à atual configuração do mundo, tanto no que se refere ao que está baseado nas instituições quanto no que está registrado nas consciências. Não precisamos elaborar estes pontos, os quais deveriam ser instantaneamente reconhecidos por todos. Mas insistimos que eles devem ser tomados na perspectiva adequada. Nosso projeto não é nem detalhar cada passo deste caminho nem se render ao adversário devido à preponderância do poder que ostenta. Nosso projeto consiste em desenvolver a lógica de uma suficiente e necessária transformação da atual ordem e começar a dar os passos intermediários em direção a esse objetivo. O fazemos para pensar mais profundamente nessas possibilidades e, ao mesmo tempo, iniciar o trabalho de reunir aqueles de ideias semelhantes. Se existe algum mérito nesses argumentos, então ele precisa servir para que práticas e visões semelhantes germinem de maneira coordenada em diversos pontos do globo. O ecossocialismo será universal e internacional, ou não será. As crises de nosso tempo podem e devem ser vistas como oportunidades revolucionárias, e como tal temos o dever de afirmá-las e concretizá-las.

David Barkin, Arran Gare, Howie Hawkins, Joel Kovel, Richard Lichtman, Peter Linebaugh, Ariel Salleh, Ahmet Tonak, Walt Sheasby, Victor Wallis (EUA), Laurent Garrouste, Jean-Marie Harribey, Michael Löwy, Pierre Rousset, Bernard Teisseire (França, Charles-André Udry (Suíça), Cristobal Cervantes, José Tapia (Espanha), Renan Vega (Colômbia), Isabel Loureiro, Marcos Barbosa de Oliveira, Roberta Menasche (Brasil).

Rede Brasil de Ecossocialistas

A Rede Brasil de Ecossocialistas foi lançada no dia 27 de janeiro de 2003, durante o Fórum Social Mundial. A iniciativa foi discutida durante os dois dias da oficina "A Sustentabilidade pelo Ecossocialismo", promovida pelo Centro de Estudos Ambientais — CEA — de Pelotas (RS) e Instituto TERRAZUL — de Fortaleza (CE), com a participação de mais de 250 pessoas, de 16 estados brasileiros.

A Rede Brasil de Ecossocialistas não substitui nenhuma organização política e social. Constitui-se por uma articulação de militantes ecossocialistas, que nas diferentes esferas da ação política atuarão de acordo com os princípios e a reflexão teórica e programática construída pelo referencial do ecossocialismo.

Declaração de princípios e objetivos da Rede Brasil de Ecossocialistas

Não existe futuro para qualquer pensamento político que não seja ecologicamente sustentável. A crise ecológica é um fenômeno global, que deve ser tratado local e mundialmente com a mesma intensidade. Em sua ofensiva, para transformar tudo em propriedade e mercadoria, o capital patenteia a vida, apropria-se da biodiversidade, quer impor os produtos transgênicos, privatizar, mercantilizar e controlar as reservas florestais e a água.

Entender que a lógica da produção e consumo capitalistas funciona como se ela mesma fosse o seu próprio objetivo não basta; temos que transpor a barreira do entendimento ortodoxo, objetivado puramente nos termos das antigas vitórias da classe operária e seu partido, e reconhecer que a pauta ecológica impõe uma nova identificação de atores da cena social e na composição do bloco de forças em torno da aliança operário-camponesa.

A rede de ecossocialistas é formada por mulheres e homens que acreditam que o ambiente não pertence a indivíduos, grupos ou empresas, nem mesmo a uma só espécie. Que lutam para que cada ser humano existente no planeta tenha os mesmos direitos a dispor dos elementos ambientais e sociais de que necessita e que, quando estes forem limitados, ou mesmo insuficientes, a divisão deve ser justa e planejada e nunca definida por guerras, competição ou outras formas de disputa. Que compreendem que a humanidade deve limitar e adequar as suas atividades produtivas, respeitando os outros seres e processos de manutenção da vida no planeta.

Homens e mulheres que acreditam que o ecossocialismo é a realização do socialismo, livre dos equívocos burocratizantes e centralizadores do chamado socialismo real, e atualizado ao contexto da crise ecológica. Lutamos por uma sociedade sem a exploração de pessoas sobre pessoas, onde o trabalho vise a libertação e não alienação humana.

Uma sociedade movida por energia de fontes renováveis, onde a produção reaproveite totalmente os materiais utilizados, sem gerar resíduos.

Lutamos por um Planeta onde o eterno ciclo natural de extinção e renovação de espécies mantenha-se determinado por ritmos naturais e não mais dentro do ritmo avassalador dos dias de hoje, em que muitas espécies sucumbem com enorme rapidez, por causa das ações da humanidade, que fica cada vez mais sozinha na superfície da terra. Um planeta habitado por espécies originadas nos processos naturais de criação e mutação naturais, onde se insere a humanidade.

Uma sociedade onde todos têm direito básico ao seu território, a um espaço para viver na superfície da Terra, e onde o espaço ambiental não é objeto de especulação imobiliária ou instrumento de dominação e exclusão. Onde a terra fica para quem nela trabalha e vive, no campo e na cidade. E falamos de cidades sustentáveis. Onde as pessoas têm consciência de que toda a produção utiliza elementos ambientais, conhecimentos e estruturas sociais. E que, portanto, parte de produção é de propriedade social e toda pessoa tem direito de acesso aos resultados da produção social, que lhe permita viver em condições dignas.

Uma sociedade que não aceite riscos socioambientais. Que entenda que a inexistência de provas para demonstrar que uma tecnologia é perigosa não basta para a sua aceitação, pois quando surge uma inovação, normalmente ainda não se tem conhecimento dos riscos. Ao contrário, é preciso que a tecnologia prove ser segura e constitua-se em instrumento de melhoria socioambiental da sociedade, em relação ao existente.

Lutamos por um tempo onde a diversidade social é fruto da livre determinação de pessoas e povos. As diferenças culturais, étnicas, de raça, de gênero e de opção sexual não podem jamais ser instrumento de negação de igualdade de direitos sociais.

Enfim, a rede de ecossocialistas é formada por pessoas que dedicam suas vidas para defender a vida, contra a barbárie e pela paz no planeta.

Porto Alegre, III Fórum Social Mundial
27 de janeiro de 2003

Declaração Ecossocialista de Belém

(Comitê de Redação: Michael Löwy, Joel Kovel e Ian Angus)

"El mundo tiene fiebre por el cambio climático y la enfermedad se llama modelo de desarrollo capitalista"

Evo Morales,
presidente da Bolívia, setembro 2007

A Escolha da Humanidade

A humanidade enfrenta hoje uma escolha extrema: ecossocialismo ou barbárie.

Não precisamos de mais provas da natureza bárbara do capital, este sistema parasita que explora a humanidade e a natureza. Seu único motor é o imperativo rumo ao lucro e logo a necessidade de crescimento constante. Ele cria produtos desnecessários de maneira dispendiosa, drenando os limitados recursos naturais e dando em retorno toxinas e poluição. Sob o capitalismo, a única medida de crescimento é quanto é vendido cada dia, cada semana, cada ano — incluindo vastas quantidades de produtos que são diretamente prejudiciais aos seres humanos e à natureza, produtos que não podem ser produzidos sem espalhar doenças, destruir as florestas que produzem o oxigênio que nós respiramos, devastar ecossistemas, e tratar nossa água e ar como se fossem esgotos do lixo industrial.

A ânsia do capitalismo pelo crescimento existe em todos os níveis, desde a empresa individual até o sistema como um todo. A fome insaciável das corporações é facilitada pela expansão imperialista na busca para ter cada vez mais acesso aos recursos naturais, mão de obra barata e novos mercados. O capitalismo sempre foi ecologicamente destrutivo, mas em nossa atual existência estas agressões foram se acelerando. Uma mudança quantitativa está dando lugar à transformação qualitativa, levando o mundo a um ponto limite, à beira do desastre. Um time crescente de pesquisadores científicos tem identificado muitas maneiras nas quais pequenos aumentos na temperatura poderiam desencadear efeitos incontroláveis — tais como o derretimento rápido da camada de gelo da Groenlândia ou a liberação do gás metano enterrada no gelo e no fundo do oceano — que tornaria inevitável uma catastrófica mudança do clima.

Sem controle, o aquecimento global terá impactos catastróficos nas vidas humana, animal e vegetal. A produção das colheitas se reduzirão drasticamente, gerando fome em larga escala. Centenas de milhões de pessoas serão deslocadas por secas em algumas áreas e por níveis elevados das marés em outras. Um clima caótico e imprevisível será a regra. Epidemias de malária, de cólera e mesmo de doenças mais mortais aniquilarão os mais pobres e os mais vulneráveis de cada sociedade.

O impacto da crise ecológica é mais devastador naqueles cujas vidas já foram ou vêm sendo destruídas pelo imperialismo inúmeras vezes na Ásia, África e América Latina, e os povos indígenas de todas as partes são especialmente vulneráveis. A destruição ambiental e as mudanças do clima constituem um ato de agressão dos ricos sobre os pobres.

A destruição ecológica, resultante da ânsia insaciável pelo lucro, não é uma característica acidental do capitalismo: está no DNA do sistema e não pode ser reprogramada. A produção orientada ao lucro considera somente um horizonte a curto prazo em suas decisões de investimento, e não consegue levar em consideração a saúde e a estabilidade a longo prazo do meio ambiente. A expansão econômica infinita é incompatível com ecossistemas finitos e frágeis, mas o sistema econômico capitalista não pode tolerar limites ao crescimento; sua necessidade constante de expansão subverte todos os limites que possam se impor em nome do "desenvolvimento sustentável". Assim o sistema capitalista inerentemente instável não pode regular sua própria atividade, muito menos superar as crises causadas por seu crescimento caótico e parasítico, porque fazê-lo exigiria colocar limites em sua acumulação — uma opção inaceitável para um sistema predicado na regra: Crescer ou Morrer.

Se o capitalismo continuar a ser a ordem social dominante, o melhor que podemos esperar são condições climáticas insuportáveis, a intensificação das crises sociais e a propagação das formas mais bárbaras de poder, como a luta dos poderes imperialistas entre si e com o Sul global para controlarem os cada vez mais escassos recursos naturais no mundo.

No pior dos casos, a vida humana pode não sobreviver.

Estratégias Capitalistas para Mudança

Não faltam estratégias para lidar com a ruína ecológica, incluindo a crise do aquecimento global em consequência do aumento imprudente do dióxido de carbono atmosférico. A grande maioria destas estratégias compartilha uma característica comum: são planejados por e agem em nome do sistema global dominante, o capitalismo.

Não é surpreendente que o sistema global dominante que é responsável pela crise ecológica também estabelece os termos do debate sobre esta crise, uma vez que o capital comanda os meios de produção do conhecimento, tanto quanto aquele do dióxido de carbono atmosférico. Conformemente, seus políticos, burocratas, economistas e professores proferem uma gama infinita das propostas, todas variações do tema que o dano ecológico do mundo pode ser reparado sem o desbaratamento dos mecanismos do mercado e do sistema de acumulação que comanda a economia mundial.

Mas uma pessoa não pode servir a dois mestres, ou seja, neste caso, a integridade da terra e a rentabilidade do capitalismo. Um deve ser descartado, e a história deixa poucas dúvidas sobre as alianças da vasta maioria dos atores políticos. Temos toda a razão, portanto, de duvidar radicalmente das ações estabelecidas para medir a escalada da catástrofe ecológica.

E certamente, além de um verniz cosmético, as reformas dos últimos 35 anos foram uma falha monstruosa. Melhorias individuais acontecem naturalmente, contudo elas são inevitavelmente oprimidas e varridas pela expansão impiedosa do sistema e da natureza caótica de sua produção.

Um exemplo demonstra este fracasso: nos primeiros quatro anos do século XXI, as emissões globais anuais de carbono eram quase três vezes maiores daquelas da década dos 1990, apesar do surgimento do Protocolo de Kyoto em 1997.

Kyoto emprega dois mecanismos: o do Sistema "Cap and Trade", que fixa um limite máximo de emissões e cria um mercado de livre troca de títulos de direito de emissão de carbono, e projetos no Sul global — os chamados "Mecanismos de Desenvolvimento Limpo" (MDLs) — para compensar as emissões das nações industriais. Todos estes instrumentos dependem dos mecanismos de mercado, o que significa, primeiramente, que o carbono, atmosférico se transforma diretamente em uma *commodity*, logo sob o controle dos mesmos interesses dasclasses que criaram o aquecimento global em primeiro lugar. Os poluidores não são compelidos a reduzir suas emissões do carbono mas na verdade têm carta branca para usar seu poder monetário para controlar o mercado de carbono para seus próprios fins, o que inclui a exploração devastadora para mais carbono. Tampouco há um limite à quantidade de créditos da emissão, que podem ser emitidos por governos coniventes.

Dado que a verificação e a avaliação dos resultados é quase impossível, o regime de Kyoto não só é incapaz de um controle das emissões, mas dá margem também a amplas oportunidades de evasão e fraudes de todos os tipos. Como o jornal Wall Street Journal escreveu em março de

2007, o comércio de emissões "daria lucro para algumas grandes corporações, mas não acredite por um minuto sequer que esta trapaça fará muito pelo aquecimento global."

As reuniões de Bali em 2007 abriram precedentes para futuros abusos ainda maiores. Bali evitou a menção explícita dos objetivos drásticos para a redução do carbono elaborada pelos melhores cientistas do clima (90% até 2050); abandonou os povos do Sul global à mercê do capital, ao dar a jurisdição do processo ao Banco Mundial; e deixou ainda mais fácil a compensação da poluição do carbono.

Para afirmar e garantir o futuro da humanidade, uma transformação revolucionária é necessária, na qual todos os esforços particulares devem ser vistos na luz de uma luta maior contra o próprio capital. Esta luta maior não pode ser meramente negativa e anticapitalista. Ela deve anunciar um tipo diferente de sociedade, e isto é ecossocialismo.

A Alternativa Ecossocialista

O movimento ecossocialista visa parar e inverter o processo desastroso de aquecimento global em particular e do ecocídio capitalista em geral, e construir uma alternativa prática e radical ao sistema capitalista. O Ecossocialismo situa-se em uma economia transformada, fundada nos valores não monetários de justiça social e de equilíbrio ecológico. Ele critica tanto a "ecologia capitalista mercado" e o socialismo produtivista, que ignoraram o equilíbrio e limites da terra. Ele redefine o trajeto e o objetivo do socialismo dentro de uma estruturaecológica e democrática.

O Ecossocialismo envolve uma transformação social revolucionária, que implique a limitação do crescimento e a transformação das necessidades por uma mudança profunda dos critérios econômicos quantitativos para os qualitativos, com ênfase no valor de uso em vez do valor de troca.

Estes objetivos exigem a tomada de decisão democrática na esfera econômica, permitindo a sociedade de definir coletivamente seus objetivos do investimento e da produção, e a coletivização dos meios de produção. Somente a tomada de decisão e a posse coletiva da produção podem oferecer a perspectiva a longo prazo que é necessária para o equilíbrio e a sustentabilidade de nossos sistemas sociais e naturais.

Além da grande escala de intervenções valiosas propostas pelo "movimento dos movimentos," uma perspectiva singular e central está começando a ser discutida: que, para afirmar e sustentar nosso futuro da humanidade.

As tentativas capitalistas de resolver a crise ecológica falharam: somente uma mudança profunda na própria natureza da civilização pode salvar a humanidade das consequências catastróficas da mudança do clima.

A rejeição do produtivismo e a mudança dos critérios econômicos quantitativos para os qualitativos envolve um repensar da natureza e dos objetivos da produção e da atividade econômica em geral. As atividades humanas criativas, não produtivas e reprodutivas essenciais, tais como tomar conta da casa, cuidado e educação das crianças e adultos, as artes, todos serão valores chaves em uma economia ecossocialista.

O ar puro e a água e o solo fértil, assim como o acesso universal a alimentos sem agrotóxicos e às fontes de energia renováveis, não poluidoras, são direitos naturais e básicos do ser humano básico defendidos pelo ecossocialismo. Longe de ser "despótico", a tomada de decisões coletiva nos níveis locais, regionais, nacionais e internacionais ocasiona o exercício da sociedade de liberdade e responsabilidade comuns. Esta liberdade de decisão constitui uma libertação das "leis" econômicas alienantes do sistema capitalista orientadas ao crescimento.

Para evitar o aquecimento global e outros perigos que ameaçam a sobrevivência humana e ecológica, setores inteiros da indústria e a agricultura devem ser suprimidos, reduzidos ou reestruturados e outros devem ser desenvolvidos, fornecendo emprego para todos. Uma transformação tão radical é impossível sem o controle coletivo dos meios de produção e o planejamento democrático da produção e da troca. As decisões democráticas sobre o investimento e o desenvolvimento tecnológico devem substituir o controle das empresas capitalistas, acionistas e bancos, a fim de proporcionar um horizonte a longo prazo dos bens comuns da sociedade e da natureza.

Os elementos mais oprimidos da sociedade humana, os povos pobres e os indígenas, devem ter um papel central na revolução ecossocialista, a fim de revitalizar as tradições ecológicas sustentáveis e dar voz àqueles que o sistema capitalista não pode ouvir. Dado que os povos do sul global e os pobres são geralmente as primeiras vítimas da destruição capitalista, suas lutas e demandas ajudarão a definir os contornos da sociedade ecológica e sustentável economicamente a ser criada. Similarmente, a igualdade de gênero é integral ao ecossocialismo, e os movimentos de mulheres têm estado entre os grupos oponentes mais ativos da opressão capitalista. Outros agentes potenciais da mudança revolucionária do ecossocialismo existem em todas as sociedades.

Tal processo não pode começar sem uma transformação revolucionária das estruturas sociais e políticas baseadas no apoio ativo, pela maioria da população, de um programa do ecossocialista. A luta do trabalho — trabalhadores, fazendeiros, os sem-terra e desempregados — pela justiça social é inseparável da luta pela justiça ambiental. O capitalismo, explorador social e ecológico e poluidor, é o inimigo da natureza e do trabalho em igual medida.

O Ecossocialismo propõe transformações radicais:

1. no sistema energético, substituindo os combustíveis fósseis e biocombustíveis por fontes limpas energéticas com controle social: eólica, geotérmica, marítima, e, principalmente, solar;

2. no sistema de transporte, reduzindo drasticamente o uso de caminhões e de carros particulares, substituindo-os por transporte público grátis e eficiente;

3. nos padrões atuais de produção, consumo e construção, que são baseados no lixo, na obsolência inata, na competição e poluição, e produzir no lugar bens sustentáveis e recicláveis, e adotar a arquitetura verde sustentável;

4. na produção e distribuição de alimentos, ao defender a soberania alimentar local o máximo possível, eliminando o agronegócio industrial poluidor, criando agroecossistemas sustentáveis e trabalhando ativamente para renovar a fertilidade do solo.

Para teorizar e trabalhar para concretizar o objetivo de um socialismo verde não significa que não devemos lutar por reformas concretas e urgentes agora. Sem nenhuma ilusão acerca de um "capitalismo limpo," devemos tentar ganhar tempo e impor nos poderes — quer sejam governos, corporações, instituições internacionais — algumas mudanças elementares, mas essenciais:

- redução drástica e obrigatória da emissão de gases estufa;
- desenvolvimento de fontes limpas de energia;
- provisão de um sistema extenso de transporte público grátis;
- substituição progressiva de caminhões por trens;
- criação de programas de despoluição;
- eliminação da energia nuclear e do orçamento bélico.

Estas, além de demandas similares, estão no coração da agenda do movimento pela Justiça Global e dos Fóruns Sociais Mundiais, que tem promovido, desde *Seattle* em 1999, a convergência de movimentos sociais e ambientais numa luta comum contra o sistema capitalista.

A devastação ecológica não será paralisada nas salas de conferências ou nas negociações de tratados: somente a ação de massa pode fazer a diferença. Os trabalhadores urbanos e rurais, os povos do Sul global e os povos indígenas de todo o mundo estão na vanguarda desta luta contra a injustiça social e ambiental, combatendo as multinacionais exploradoras e poluidoras, o agronegócio químico venenoso e desregulado, as invasivas sementes geneticamente modificadas, e os biocombustíveis que agravam a crise alimentar. Nós devemos intensificar estes movimentos socioambientais e construir a solidariedade entre as mobilizações ecológicas anticapitalistas no Norte e no Sul.

Esta Declaração Ecossocialista é uma chamada à ação. As elites governantes encasteladas são poderosas, mas o sistema capitalista se revela diariamente cada vez mais falido financeira e ideologicamente, incapaz de superar as crises econômicas, ecológicas, sociais, alimentares e as outras crises que ele gera. E as forças da oposição radical estão vivas e são vitais. Em todos os níveis, local, regional e internacional, nós estamos lutando para criar um sistema alternativo baseado na justiça social e ecológica.

Nós abaixo assinados, endossamos a análise e as perspectivas políticas esboçadas na Declaração Ecossocialista de Belém, e apoiamos o estabelecimento e a construção de uma Rede Ecossocialista Internacional.

(Para adicionar seu nome à lista de assinaturas, mande seu nome e país de residência para ecosocialism@gmail.com)

Tradução: Beatriz Leandro

Signatários

África do Sul: Rasigan Maharajh, Karthie Mudaly, Trevor Ngwane, Berend Schuitema

Alemanha: Ruth Birkle, Werner Hager, Frieder Otto Wolf

Aotearoa/Nova Zelândia: Don Archer, Bronwen Beechey, Grant Brookes, Joe Carolan, Roger Fowler, Vaughan Gunson, Bernie Hornfeck, Peter Hughes, Greg Kleis, Daphne Lawless, James Mc Donald, Grant Morgan, Len Parker, Paul Piesse, Tony Snelling-Berg

Austrália: Richard Bergin, Jamie Brown, Simon Butler, Ben Courtice, Felicity Crombach, Peter Cummins, John B. Ellis, Duroyan Fertl, Jepke Goudsmit, Stu Harrison, Dave Kimble, Serge Leroyer, Günter Minnerup, John Rice, Larissa Roberts, Stuart Rosewarne, Terry Townsend

Bangladesh: A.F.Mujtahid, Mohammad Basir-ul Haq Sinha

Bélgica: Daniel Tanuro

Brasil: Eduardo d'Albergaria, Carlos Henrique Rodrigues Alves, Berlano Bênis França de Andrade, João Claudio Arroyo, Pedro Ivo de Souza Batista, Luiz Felipe Bergmann, Lucas Bevilaqua, Leonel da Costa Carvalho, Francisco Marcos Bezerra Cunha, Ricardo Framil Filho, Giuliana Iarrocheski, Edson Carneiro Indio, Beatriz Leandro, Ivonaldo Leite, André Lima, Isabel Loureiro, Jorge Oliveira, Ricardo Oliveira, Marcos Barbosa de Oliveira, Maicon Fernando Palagano, Paulo Piramba, Fabio Mascaro Querido, Valdir Pereira Ribeiro Júnior, Carmen Sylvia Ribeiro, Fatima Terezinha Alvarenga Rivas, Marechal Cândido Rondon, Roberto Souza Santos, Dhyana Nagy Teodoro, Thierry Thomas, Carolina Kors Tiberio, Julio Yamamoto

Canadá, Quebec: Greg Albo, Robert Albritton, Paul Anderson, Ian Angus, Roger Annis, Chris Arsenault, Charles-Antoine Bachand, Jean--Claude Balu, Rick Barsky, José Bazin, John R Bell, Shannon Bell, John L. Bencze, Karl Beveridge, Geoff Bickerton, Leigh Brownhill, David Camfield, William K. Carroll, John Clarke, Bill Clennett, Carole Condé, Phil Cournoyer, Paul R. Craik, Steve D'Arcy, Susan Kent Davidson, Diane Delaney, Kathleen Donovan, Joseph Dubonnet, Susan E. Ferren, Richard Fidler, Blair Fix, Darrel Furlotte, Larry Gambone, Cy Gonick, Trevor Goodger-Hill, Joyce A. Green, Dave Greenfield, Ricardo Grinspun, John Grogan, Dr. J. Robert Groves, Adam Hanieh, Trevor Harrison, Henry Heller, Evert Hoogers, Pete Huerter, Catherine Hughes, Anton Oscar Iorga, Sean Isaacs, Darlene Juschka, Michael A. Lebowitz, Ian B. McKenna, Cindy Morrison, Vincent Mosco, Dan Murray, Sam Noumoff, Derrick O'Keefe, Joseph Roberts, Sheila Roberts, Leo Panitch, Tomislav Peric, Ursula Pflug, Roger Rashi, John Riddell, Rowland Keshena Robinson, Herman Rosenfeld, Rhoda Rosenfeld, Laina Rutledge, John Ryan, Kanchan Sarker, Bob Sass, Scott Schneider, Sid Shniad, Debra Scott, John Sharkey, John Shavluk, Dr. Christopher A. Shaw, Michael Stewart, Debra Tacium, Paul Francis

Thompson, David Tremblay, Terisa E. Turner, Jesse Vorst, Bernadette L. Wagner, Len Wallace, John W. Warnock, Larry Watt, Barry Weisleder, Ian Whyte, Sarah Wilbur, Michael Wolfe, Paul York

Chipre: Julian Saurin

Dinamarca: Pelle Andersen-Harild, Ellen Brun, Jacques Hersh, Peder Hvelplund, Kjeld A. Larsen, Johannes Lund, Karolina Boroch Naess, Petter Naess, Teresa Naess

El Salvador: Ricardo Adan Molina Meza

Espanha: Mauricio Blechman, Francisco Fernández Amador, Alberto Iglesias Lorenz

Estados Unidos: Anatole Anton, Matthew Brown, Joaquín Bustelo, Tim Casebolt, Suha Chari, Andrew P. Cheramie, Tom Collins, Stan Cox, Kevin Danaher, Dr. Lenore J. Daniels, Jennifer Dignazio, Daniel Faber, Hunter Gray [Hunter Bear], Craig Brozefsky, John Clark, Scott Davis, W. Alexander Durnan, Stefan Furrer, Phil Gasper, Dayne Goodwin, Sarah Grey, Anthony Gronowicz, Timoteo Jeffries, Eric W. Koch, Bill Koehnlein, Joel Kovel, Ed Laing, Larry Lambert, Saul Landau, James Lauderdale, Mark A. Lause, Richard Levins, Kevin Lewis, Timothy Norbert Malczynski, David Marcial, Michael Seth Martin, Stefan Mattessich, Bill McCormick, Coleman E. McFarland, Fred Mecklenburg, William Meurer, Curtis Moore, Jonathan Nack, Simeon Newman, Tony Nizzi, Julia O'Neal, Wren Osborn, Dr. Marie-Claire Picher, Louis Proyect, Linda Ray, Idrian N. Resnick, Kat Rickenbacker, Eugene Rodriguez, Christian Roselund, Kevin Ruffe, David Schwartzman, Javier Sethness, Barry Sheppard, Roger Sheppard, Laurence H. Shoup, Rick Sklader, Skip Slavik, James Smith, Mark E. Smith, Red Son, Anna Marie Stenberg, Carl Stilwell, Ted Stolze, Michael Tanzer, Idell Elaine Vogel, Richard Vogel, Sam Waite, Ron Warren

Finlândia: Marko Ulvila

França: Jean-Frédéric Baeta, Michel Benquet, Thierry Bonhomme, Richard Bouillet, Noelle Calvinhac, Nadège Edwards, Carole Engel, Hendrik Davi, Cedric Dulski, Armand Farrachi, Danielle Follett, Vincent Gay, Laurent Garrouste, Jacques Giraldou, Jacques Giron, Xavier Granjon, Richard Greeman, Bernard Guibert, Michel Husson, Raoul-Marc Jennar, Fahima Laidondi, Marianne Ligou, Michael Löwy, Marilou

Mertens, Roxanne Mitrallias, Jean-Philippe Morin, Arno Münster, Jacques Muriel, André Rosevegue, Pierre Rousset, Michael Le Sauce, Peter Shield, Mohammed Taleb, Hugo Valls

Grécia: Mesrop Abelyan, Vasilis Andronis, Makis Choren, Spyros Diamantidis, Anneta Galtsioti, Krystalia Galtsioti, Giannis Galtsiotis, Konstantina Georga, Dimitris Georgas, Kostas Giannakakis, Hasan Mehedi, Manolis Kapadais, Andonis Krinis, Amjad Mohammad, Georgia Nikopolidou, Takis Pantazidis, Tasos Pantazidis, Eleni Pantazidou, Katerina Pantazidou, Mohammed Es Sabiani, Stefanos Sinaplidis

Haiti: Maxime Roumer

Índia: Debashis Chatterjee, Debal Deb, S. Susan Deborah, Sushovan Dhar, Mita Dutta, Merlin Franco, Saroj Giri, C. E. Karunakaran, Partha Majumdar, D. V. Natarajan, V. T. Padmanabhan, Bijay Panda, Sukla Sen, Babu lal Sharma

Indonésia: Yanuarius Koli Bau, Pius Ginting

Irlanda: Louis P. Burns aka Lugh, Domhnall Ó Cobhthaigh, Vincent Doherty

Itália: Guido Dalla Casa, Moreno Esposto

Malta: Michael Briguglio

México: David Barkin, Gerardo Renique

Países Baixos: Willem Bos, Suzanne de Kuyper, Peter Waterman

Panamá: Sebastián Calderón Bentin, Antonio Salamaca Serrano

Peru: Hugo Blanco

Portugal: Ana Bastos, Rita Calvário, Ricardo Coelho, Ronaldo Fonseca, José Carlos Alves Loureiro, Ângelo Novo, Pedro Ramajal

Quênia: Arege Douglas

Reino Unido: Tobias Abse, Keith Ames-Rook, Keith Baker, Oscar Blanco Berglund, Jane Burd, Katie Buse, Dr. Michael Calderbank, Ross Carbutt, James Doran, Ian Drummond, Jane Susanna Ennis, Dan Fredenburgh, Ed Fredenburgh, Nick Foster, Paul Frost, Colin Fox, Giorgos Galanis, Jay Ginn, Dr. Joseph Healy, Dave Hewitt, Stuart Jeffery, Jane Kelly, Aaron Kiely, Richard Kuper, David McBain, Jade McClune, Sharon McMaster, Tony Medwell. Shosh Morris, Elaine Morrison, Jamie

Murray, Brian Orr, Andy Player, Julian Prior, Matt Sellwood, Mike Shaughnessy, Andrew Stevens, Sally Thompson, Sean Thompson, Alan Thornett, Payam Torabi, Norman Traub, Mike Tucker, Derek Wall, Roy Wilkes

Romênia: Luisa Abram, Stella Dicu, Mario Festila

Sérvia: Dragoslav Danilovic

Suíça: Juan Tortosa

Turquia: Ertugrul Akcaoglu, Nevra Akdemir, Levent Gürsel Alev, Binnur Aloglu, Rana Aribas, Ecehan Balta, Emre Baturay Altinok, Ugur Arigun, Arca Atay, Baris Avci, Erol Bayrakdar, Foti Benlisoy, Stefo Benlisoy, Elif Bozkurt, Emel Budak, Ozgur Bulut, Çaglayan Büyükçula, Nurgül Çanak, Esin Candan, Bilge Contepe, Gülsüm Coskun, Kadir Dadan, Fügen Dede, Evin Deniz, Yalim Dilek, Sinan Eden, Huseyin Eren, Fuat Ercan, Basak Ergüder, Bulent Erkeskin, Firat Genç, Emine Girgin, Canan Güldal, Ercan Gülen, Ibrahim Gundogdu, Kutlay Gürcihan, Muharrem Hunerli, Taha Karaman, Filiz Kerestecioglu, Olcay Halk Kiliç, Tarkan Kilic, Ekoloji Kolektifi, Sinem Meral, Özgür Müftüoglu, Evin Nas, Sebnem Oguz, Pinar Ongan, Kazim Özaslan, Merthan Özcan, Recep Özkan, Ali Murat Ozdemir, Gökçen Özdemir, Senem Pehlivanoglu, Inci Polat, Özge Savas, Hasan Sen, Ahmet Hamdi Seringen, Yavuz Selim Sertbas, Eren Deniz Tol-Gokturk, Dr. Ethem Torunoglu, Eylem Tuncaelli, Kemal Tuncaelli, Feriha Tugran, Mehmet Türkay, Derya Ülker, Tanay Sidki Uyar, Sanem Yardimci, Ertan Yilmaz, Gaye Yilmaz, Selim Yilmaz, Burçak Yilmazok, Hatice Yažar, Kasim Yeter, Eylem Ozen Yorukoglu, Semih Yuksel, Kizilca Yurur

Uruguai: Alejandro Casas

Venezuela: Elías Capriles, Gustavo Fernández Colón, Carlos García, Dalia Correa Guía, Miguel Angel Contreras Natera, Jesus Pirela, Cesar Aponte Rivero, Isabel Villarte

Zimbábue: Chen Chimutengwende